l' **ABC***daire*

de

Courbet

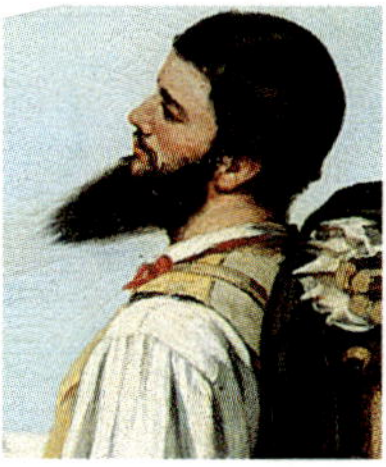

Stéphane Guégan
Michèle Haddad

pour saluer André Fermigier

Flammarion

LES QUESTIONS QUE L'ON SE POSE

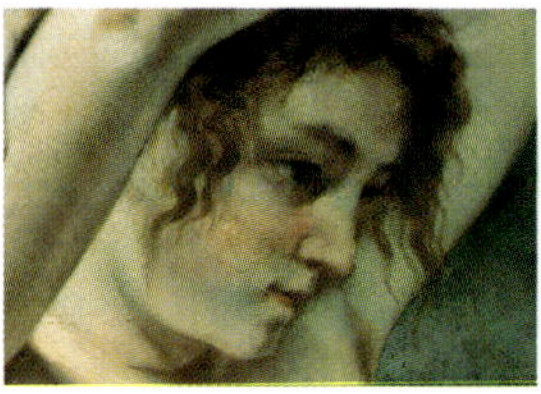

On a fait de Courbet le père du réalisme pour avoir substitué aux Vénus la chair vraie des femmes et à la peinture d'histoire les paysans cossus d'Ornans. Comment a t-il bafoué les règles et les genres?

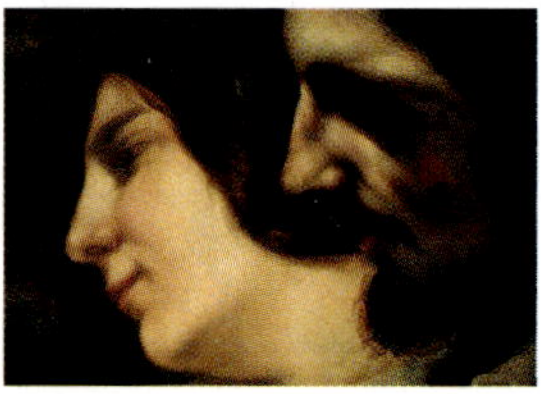

Y aurait-il deux Courbet? Celui des tableaux protestataires et celui des nus impudiques ? Le chantre des valeurs démocratiques et le poète de l'énergie vitale?

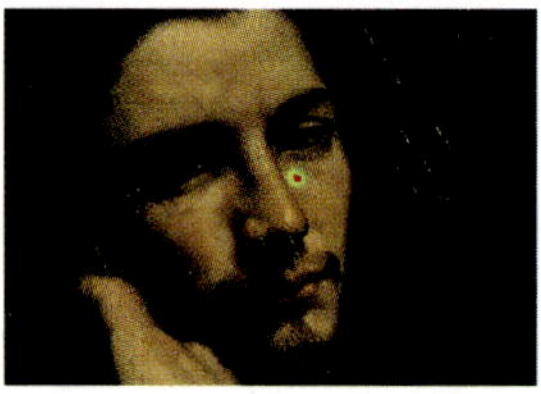

Courbet ne résume pas à lui seul le réalisme des années 1850-1870. De Millet à Manet, de Balzac et Flaubert à Zola, l'exigence de vérité s'est déclinée de mille façons. Peut-on parler pour autant de doctrine réaliste ?

COMMENT L'ABC*daire* Y RÉPOND...

Le guide de l'abécédaire p. 7

Il explique comment comprendre Courbet en regroupant les notices de l'abécédaire selon la nature de son art et les circonstances de sa vie. Un code de couleurs indique le genre de chaque notice :

■ Les œuvres :
les sujets du peintre,
l'analyse du style.

■ L'entourage :
les peintres,
les écrivains,
les critiques.

■ Le contexte :
les courants esthétiques,
la pratique picturale,
le cadre historique.

À partir de la lecture de ces notices, et grâce aux renvois signalés par les astérisques, le lecteur voyage comme il lui plaît dans l'abécédaire.

L'abécédaire p. 29

Par ordre alphabétique, on trouvera dans ces notices tout ce qu'il faut savoir pour entrer dans l'univers de Courbet. L'information est complétée par les éclairages suivants :
- des commentaires détaillés de ses tableaux majeurs ;
- des encadrés qui expliquent ses choix thématiques ou stylistiques et précisent le contexte dans lequel s'inscrit sa carrière.

Courbet raconté p. 11

En tête de l'ouvrage, le récit de la vie et le sens de l'œuvre sont restitués dans leur développement historique. Cette synthèse reprend l'articulation du guide de l'abécédaire en développant chacun de ses thèmes.

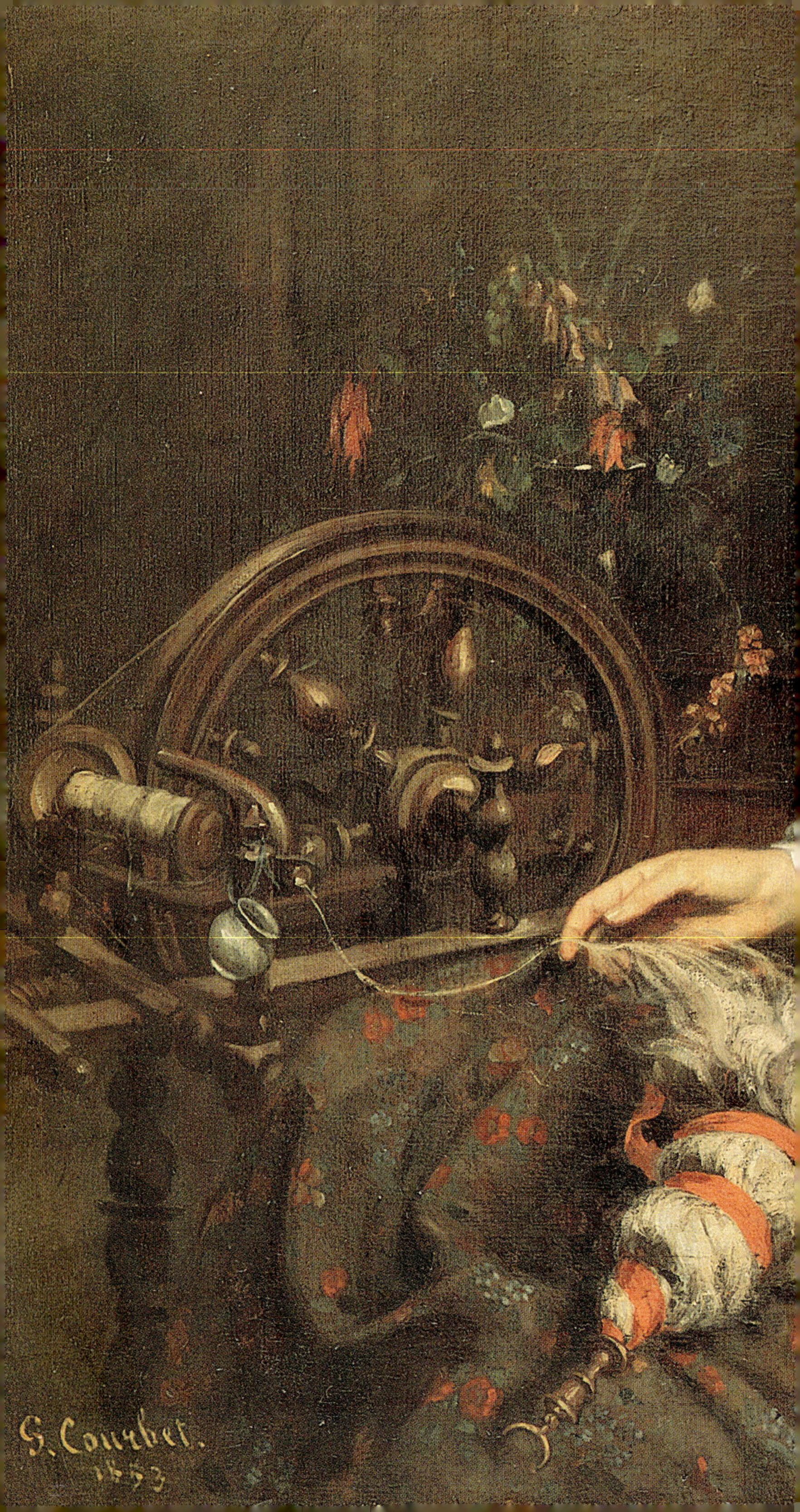
G. Courbet.
1853

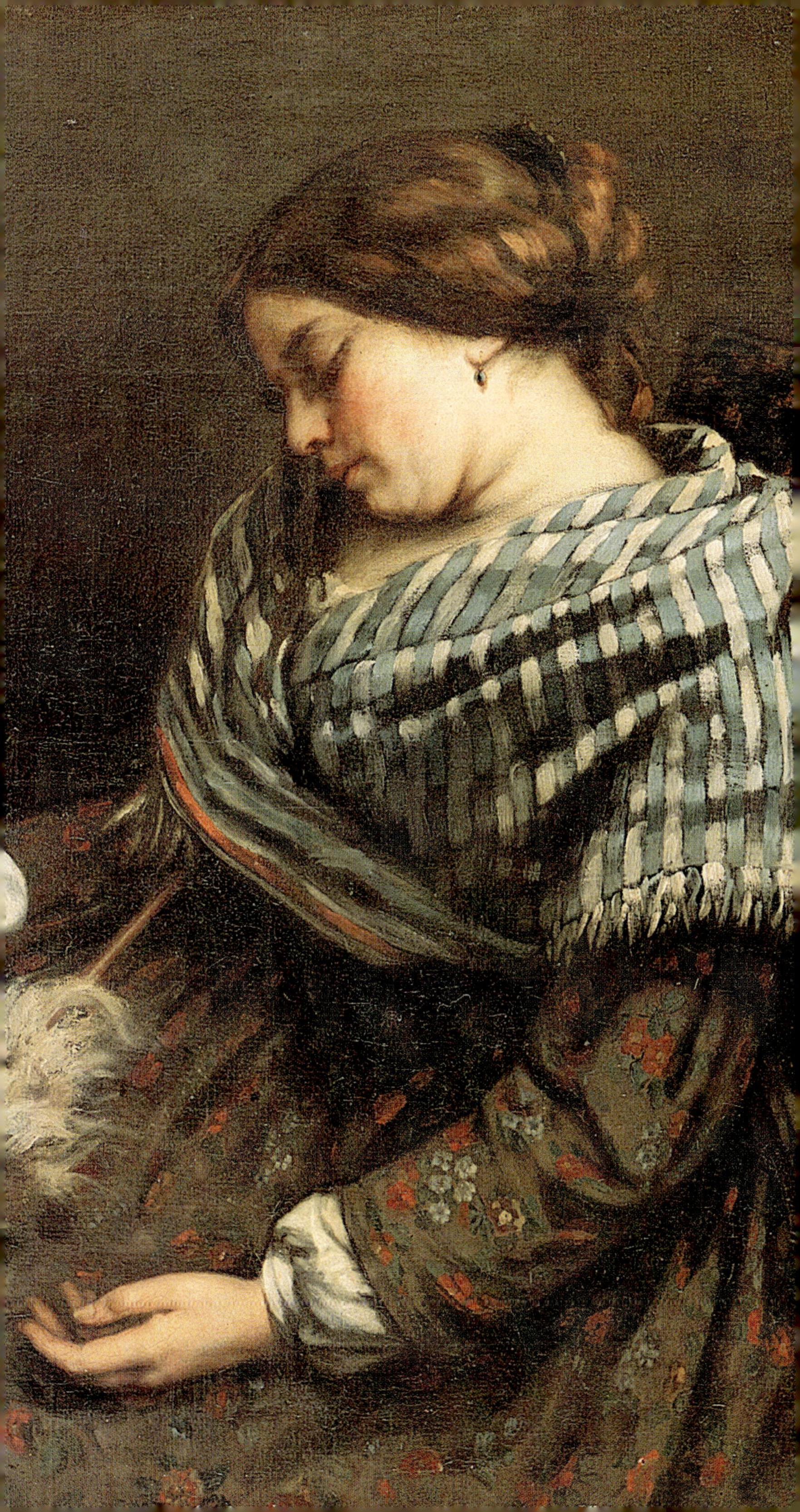

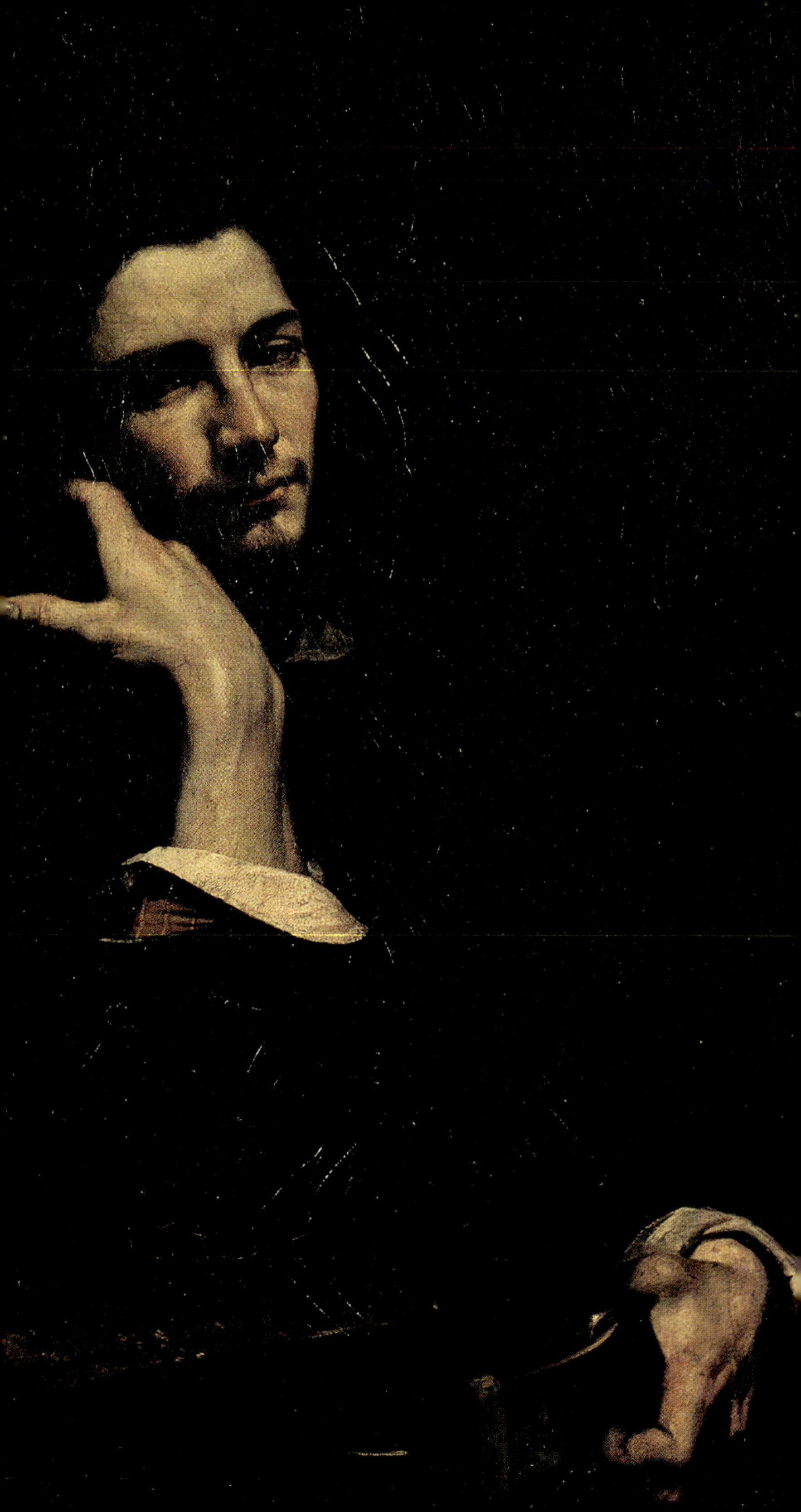

G U I D E

I. UN PEINTRE EN RUPTURE

A. Entre Ornans et Paris

Fin 1839 Courbet est à Paris. Fils de notable paysan, il navigue entre la bohème socialisante et le cercle familial d'Ornans. Il lui faudra près de dix ans pour rompre avec les poncifs romantiques. Mais déjà ses tableaux chantent la féminité et la nature plus que la vie citadine.

- *Autodidacte*
- *Autoportraits*
- *Bonvin*
- *Buchon*
- *Mère Grégoire*
- *Modernité*
- *Ornans*
- *Protoréalisme*
- *Romantisme*
- *Ville et campagne*

B. Le nouveau Caravage

Au lendemain de la révolution de 1848 Courbet affirme son ambition de renouveler la peinture d'histoire par le réalisme. Il bouleverse la traditionnelle hiérarchie des genres en présentant, au Salon de 1849, *Une après-dînée à Ornans* ; l'œuvre, achetée par l'État, lui vaut l'admiration de quelques critiques qui reconnaissent en lui le digne successeur, qui de Rembrandt ou du Caravage, qui de Vélasquez.

- *Champfleury*
- *Exposer*
- *Hiérarchie*
- *Hollande*
- *Millet*
- *Naïveté*
- *Réalisme*
- *Seconde République*
- *Une après-dînée à Ornans*

C. « L'art historique est par essence contemporain »

À partir d'*Un enterrement à Ornans* (1850), Courbet approfondit son portrait de la société contemporaine, magnifiant particulièrement la vie paysanne, sans ignorer sa dureté, sa diversité. Il invente la poésie du prosaïsme au mépris de toute sentimentalité, de tout pittoresque.

- *Art social*
- *Baigneuses*
- *Casseurs de pierre*
- *Cribleuses de blé*
- *Demoiselles de village*
- *Lutteurs*
- *Paysans de Flagey*
- *Rencontre*
- *Technique picturale*
- *Travail*
- *Un enterrement à Ornans*

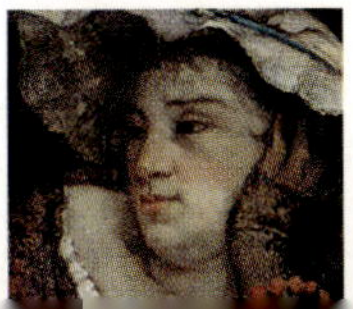

II. COURBET CHEF DE FILE

A. La primauté du paysage

Pour échapper à la censure accrue du Salon après 1855, Courbet propose des tableaux plus « sages » : paysages de Franche-Comté ou de la Saintonge, bords de la mer… Ces vues énergiques et libres de la nature retiendront l'attention de la génération impressionniste.

- *Bord de la mer à Palavas*
- *Chêne de Flagey*
- *Falaise d'Étretat*
- *Indépendance*
- *Impressionnisme*
- *Loue*
- *Normandie*
- *Puits Noir*
- *Vague*

B. Courbet, Manet, Monet : réalisme et jeune peinture

Courbet a pratiqué tous les genres picturaux. Ses scènes de chasse peintes à partir de 1857 lui valent la faveur du public, de même que ses natures mortes ou ses compositions florales. Mais ce sont ses nus débarrassés de tout prétexte mythologique et dévoilant la « femme moderne », qui ont ouvert la voie à Manet ou Renoir.

- *Chasse*
- *Demoiselles des bords de la Seine*
- *Fleurs*
- *Fragment*
- *Mécènes*
- *Natures mortes*
- *Nu*
- *Origine du monde*
- *Rut du printemps*
- *Sommeil*

C. De la Commune à l'exil

Les dernières années de Courbet sont inséparables des événements de la Commune dont il est un des acteurs. Emprisonné en 1871 il sera privé de ses biens et se réfugiera en Suisse à partir de 1873. Il y reçoit bon accueil : de fidèles amis le rejoignent ou lui rendent visite. Sa peinture exalte une dernière fois les paysages qui l'entourent et la liberté reconquise dans l'exil.

- *Argent*
- *Autoportraits*
- *Commune*
- *Exil*
- *Natures mortes*
- *Politique*
- *Rêve et rêverie*

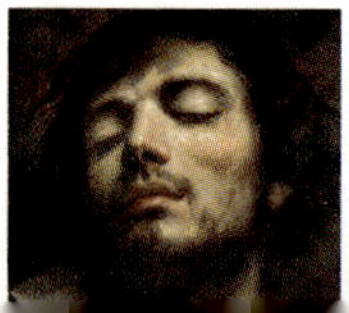

III. LA LITTÉRATURE DU RÉEL

A. Champfleury et Baudelaire

Alors qu'*Une Après-dînée à Ornans* attire sur lui l'œil du public, Courbet est soutenu par de jeunes écrivains et critiques. Parmi eux Champfleury et Baudelaire. Après 1851, néanmoins, ils s'en éloigneront progressivement. Courbet, en 1855, les peint à ses côtés dans l'*Atelier*.

- *Atelier*
- *Baudelaire*
- *Buchon*
- *Champfleury*
- *Modernité*
- *Réception*
- *Sabatier*
- *Wey*

B. Les procès

1857 est l'année de deux procès retentissants qui, à travers Baudelaire et Flaubert, visent le mouvement réaliste dans son ensemble. C'est aussi à cette date que paraissent l'essai de Champfleury et la revue éphémère de Duranty, tous deux intitulés « Réalisme », théorisant les aspirations communes aux peintres et aux écrivains.

- *Baudelaire*
- *Champfleury*
- *Duranty*
- *Flaubert*
- *Naïveté*
- *Roman réaliste*

C. Des Goncourt à Zola

La vérité doit l'emporter sur le romanesque. Les Goncourt et Zola après 1860 veulent marier dans leurs romans Balzac et la science expérimentale. Ardent défenseur de Courbet, Zola lui reproche cependant dès 1866 certaines facilités, et apporte son soutien à la génération de Manet.

- *Goncourt*
- *Femme au perroquet*
- *Laideur*
- *Modernité*
- *Roman réaliste*

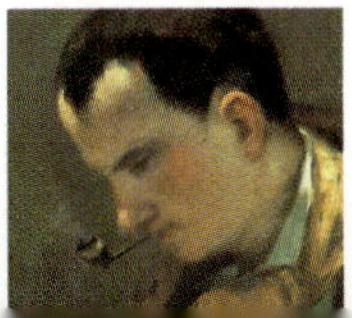

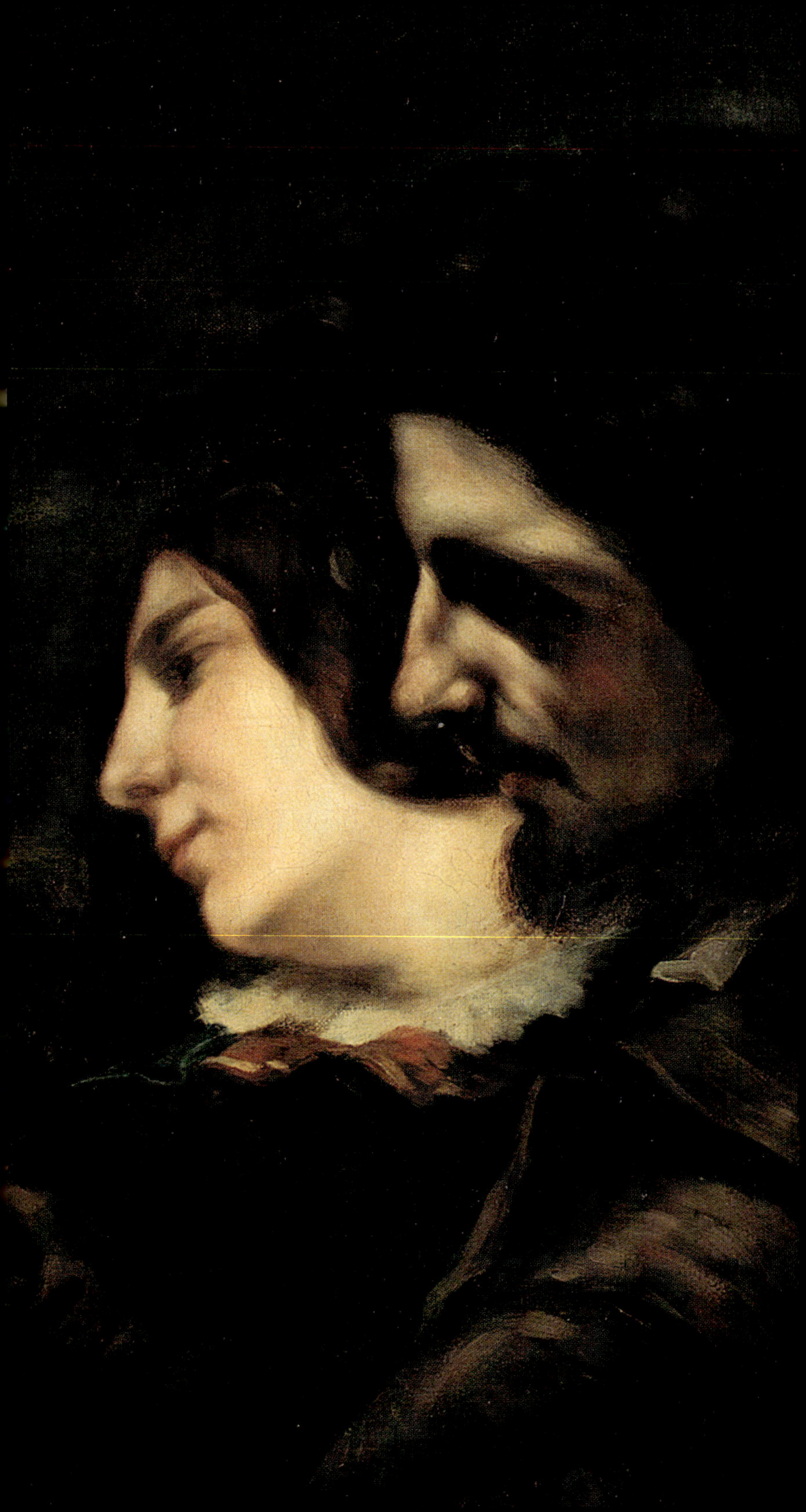

COURBET RACONTÉ

Nul n'ignore le tollé que souleva dans la presse la présentation des tableaux de Courbet au Salon de 1850-1851. Sabatier*, critique fouriériste, eut à ce propos la formule la plus nette : « M. Courbet s'est fait une place dans l'école actuelle française à la manière d'un boulet de canon qui vient se loger dans un mur ». Des tableaux montrés en 1851, c'est *Un* enterrement à Ornans* qui le plus mobilise l'attention des critiques. Élever la mise en terre d'un inconnu et le cortège funéraire de provinciaux anonymes au rang d'une vaste peinture d'histoire susceptible d'intéresser le public, au même titre qu'un haut fait de l'humanité, voilà qui constituait un vrai coup de force.

I. Un peintre en rupture

A. Entre Ornans et Paris

Courbet date de l'*Enterrement.* À Bruyas* en 1854 il dit du tableau qu'il fut « son *début* et son *exposé* de principes ». C'était laisser dans l'ombre dix ans de sa jeunesse en partie parisienne, de déboires avec l'administration du Salon, d'approche des critiques influents, de bohème plus ou moins dorée, plus ou moins socialisante, et d'acharnement personnel pour cet héritier de riches agriculteurs comtois dont il a tôt accepté les valeurs : le culte du travail, de la réussite individuelle, de l'effort récompensé, la méfiance à l'égard de l'Église et des régimes trop autoritaires. Tout démocrate qu'il fut, Courbet a agi sa vie durant en fils de notable, rêvant pour tous la douceur de vie et la liberté qu'il retrouvait pendant des mois lorsque chaque année il retournait peindre, chasser et boire en Franche-Comté. Sa solution sociale, son utopie, pour parler le langage des théoriciens qu'il a lus, de Leroux à Proudhon*, est inséparable du monde paysan qu'il a connu, de ses coutumes d'entraide, de l'équilibre qui s'y maintient entre l'homme et la machine. Courbet ignore volontairement le monde industriel, pourtant déjà implanté dans la région d'Ornans, et ne célèbre que la vitalité de la nature et du monde rural (voir Ville et campagne).

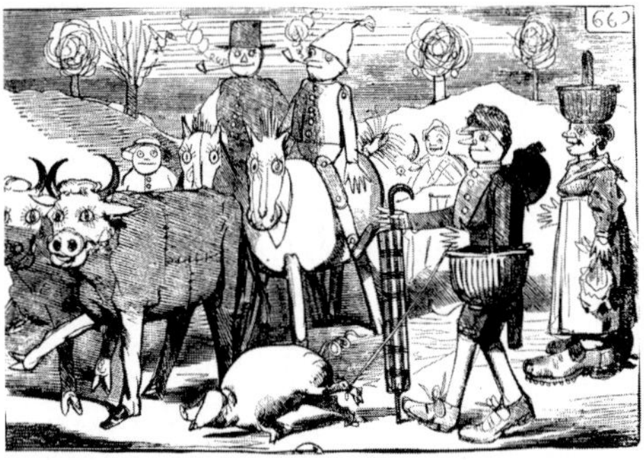

Bertall, caricature du tableau *Les Paysans de Flagey revenant de la foire*, 1850.

Les Amants dans la campagne (détail), après 1844. Paris, Petit Palais.

Dès le début il aura peint son monde, ses amis, son milieu, les lieux où il a grandi. Sa production ne s'y résume pourtant pas puisqu'elle fait de nombreuses concessions à l'imagerie romantique* du temps. Jusqu'en 1848, Courbet contient plusieurs peintres en lui. Depuis

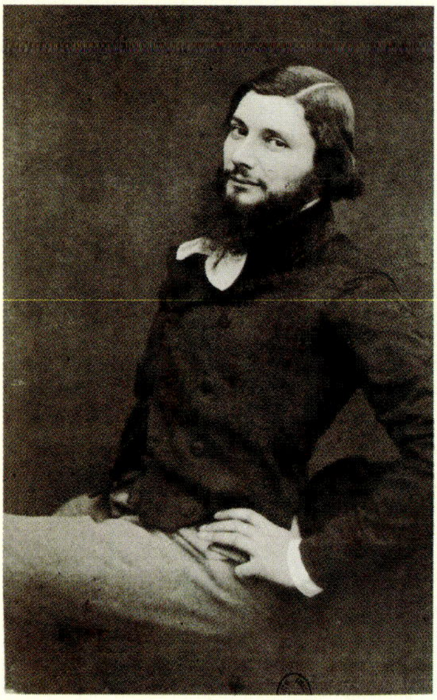

Gustave Courbet en 1853. Photographie de V. Laisné et E. Defonds.

1839 il a été tour à tour élève de Steuben et de Hesse (voir Autodidacte), médiocres peintres d'histoire frottés de romantisme, mais il a trouvé au Louvre et au musée du Luxembourg – celui des artistes vivants –, puis lors de son voyage en 1847 en Hollande*, ce que ses maîtres n'étaient guère en mesure de lui offrir : une leçon de sincérité, de naturel, de vigueur qui prépare son propre refus de toute rhétorique, qu'elle dramatise, idéalise ou « pittoresque » selon le néologisme précieux de Champfleury*.

Les tableaux réalisés dans les années 1840 prouvent que Courbet n'est pas parvenu en un jour à cette franchise. Si l'on n'y rencontre pas de paysanneries à la Leleux (voir Protoréalisme), ils obéissent pour partie aux attentes du public. *Loth et ses filles* (1844, coll. part.), figé et déclamatoire, rappelle les dures pantomimes de Hesse. On n'y trouve guère l'indécence qu'autorise le thème malgré la croupe avenante d'une des tentatrices, à laquelle la *Baigneuse** de 1853 fera un écho magnifié. *Le Guitarrero* (1844, coll. part.) appartient lui, avec son accoutrement propret de troubadour mélancolique, aux romances de vignette. Exécuté la même année dans une matière plus savoureuse, une lumière plus savante, l'*Autoportrait* au chien noir* (Petit Palais) est présent au

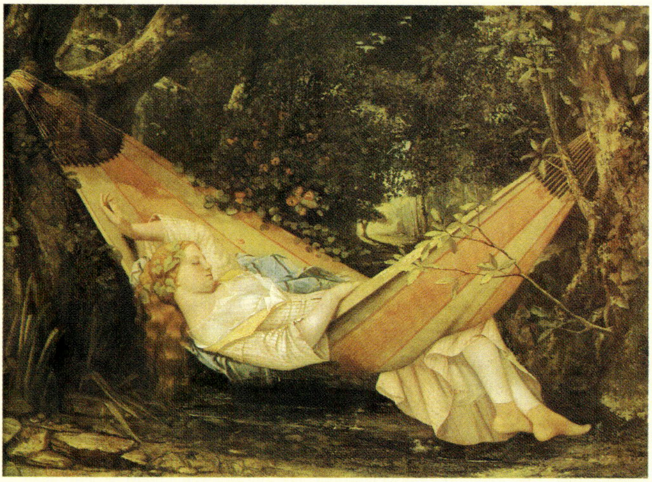

Le Hamac, 1844. H/t 71 × 97. Winterthur, collection Oskar Reinhart.

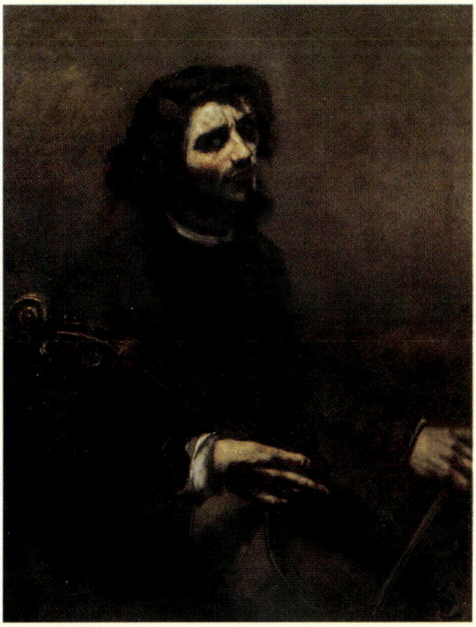

Le Violoncelliste, 1847. H/t 117 × 90. Stockholm, Nationalmuseum.

Salon de 1844 et inaugure la série des tableaux à travers lesquels Courbet se campe en être libre ou dandy insoumis et livre de sa pensée l'image la plus juste.

Nul hasard à ce que la nature ait sa place dans ces œuvres encore prisonnières des conventions. Courbet en fait déjà le symbole par excellence de son besoin d'émancipation et de cette vérité naïve* et énergique des sentiments qui guidera toujours sa peinture. Seins presque nus et cheveux emmêlés de feuilles, la jeune fille du *Hamac* (1844, Winterthur) s'est assoupie voluptueusement au creux d'un sous-bois dont l'image va ressurgir chez Courbet comme le signe de la féminité latente de ses futurs paysages d'ombres et d'eau (voir Bord de la mer à Palavas). Ce tableau refusé au Salon de 1845 révèle en outre qu'autant que le penchant pour l'élémentaire, l'érotisme et le rêve* s'affirment très tôt dans son œuvre et s'y trouveront sans cesse enchevêtrés. Coïncidant avec la rencontre de Baudelaire* qui a déjà théorisé l'héroïsme de la vie moderne, le vrai tournant s'opère en 1846-1847. L'exemple alors de Ribera, Zurbarán, Rembrandt ou du Caravage mais aussi de Géricault et Delacroix fait reculer la sentimentalité ou la théâtralité des premiers essais. Autoportrait riche de sens, *Le Violoncelliste* exposé en 1848 est un tableau noir, à l'espace resserré, où la lumière frappe vivement le visage volontaire et les grandes mains à la Titien.

B. Le nouveau Caravage

En 1848 Courbet ne se bat pas, il croit, prudent, à la force des idées, non au coup de feu. Dans la violence populaire il ne veut voir qu'enthousiasme passager, aveuglement politique, ce qu'à ses yeux l'élection en décembre de Louis-Napoléon Bonaparte confirmera. La Seconde* République, dont il sent la fragilité et qui déstabilise le monde de l'art, lui offre au moins la possibilité d'exposer* librement lors du Salon de 1848, quand Millet* y montre son *Vanneur*. Champfleury annonce à cette occasion la naissance d'un maître. En 1848 Courbet peut écrire à ses parents : « Je suis sur le point d'arri-

ver car j'ai autour de moi des gens très influents dans les journaux et les arts qui sont enthousiasmés de ma peinture enfin nous sommes sur le point de constituer une école nouvelle de laquelle je serai le représentant en peinture. »
Il faut frapper encore plus fort. C'est chose faite avec *Une* après-dînée à Ornans* qui lui vaut à l'issue du Salon de 1849 une médaille d'or. Le tableau est envoyé au musée de Lille. Serait-il indigne des cimaises du Luxembourg à Paris ? Brutalement, il est vrai, il hisse une simple scène domestique de la vie de province aux dimensions d'un sujet d'histoire comme si elle possédait, au même titre, un caractère universel, exemplaire. C'est violer la traditionnelle hiérarchie* des genres, même si l'œuvre rappelle à première vue les tables nordiques, les repas paysans des Le Nain, les réunions viriles de Valentin et Caravage. C'est sans doute *La Vocation de saint Matthieu* (Rome) de ce dernier qui est la source essentielle du tableau. Courbet abolit toute narration explicite, toute donnée anecdotique, voire toute caractérisation des personnages selon les typologies usuelles de la scène de genre. L'individu concret résiste tout en suggérant une réalité sociale dont il n'est qu'un indice, un fragment*. Le réalisme* de Courbet scrute un monde familier, épouse sa contingence, sans le déchiffrer entièrement puisqu'aucune lecture ne saurait en épuiser le sens et la richesse. Trois hommes autour d'une table, ne se souciant aucunement du spectateur, écoutent un violoniste. Le tableau, sans rien embellir, suggère leur rêverie, l'engourdissement des corps, le plaisir d'une digestion paisible. L'espace se coule dans le nôtre et chaque figure est d'une présence physique tangible. Entre le spectateur et le motif nulle distance. Sous l'effet d'une composition dense, aux empâtements contrastés, la poésie se dégage du prosaïsme de la scène (voir Technique picturale). Comme involontairement.

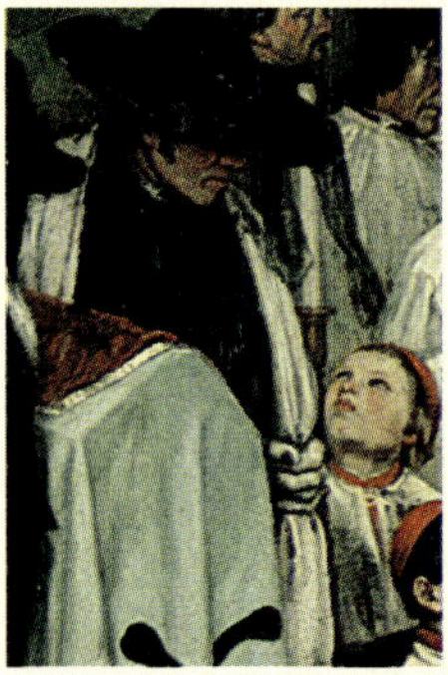
Un enterrement à Ornans (détail), 1849-1850. Paris, Orsay.

C. « L'art historique est par essence contemporain »

Mais c'est avec *Un enterrement à Ornans* que se définit plus complètement son ambition de réformer la peinture d'histoire. Dans le registre des entrées du Salon de 1850-1851, on peut lire l'intitulé exact que le peintre a voulu donner à son tableau et qu'il lui donna effectivement lors d'expositions à Besançon et Dijon au printemps 1850. Le livret du Salon de 1851 ne le retint pas. Censure significative. Courbet profita de son « exhibition » personnelle – pour reprendre un terme de l'époque – de 1867, en marge de l'Exposition universelle, pour rendre à l'œuvre son titre primitif : *Tableau de figures humaines, historique d'un enterrement à Ornans.*

Courbet tout à la fois se propose de représenter des hommes dans leurs conditions différentes et de traiter un événement à caractère domestique, fût-il grave, comme s'il s'agissait de la célébration de quelque fait militaire ou politique glorieux. Faire un tableau d'histoire en somme en transformant et la conception de l'histoire et sa représentation. Pour Courbet écrire l'histoire ou la peindre ne consiste donc

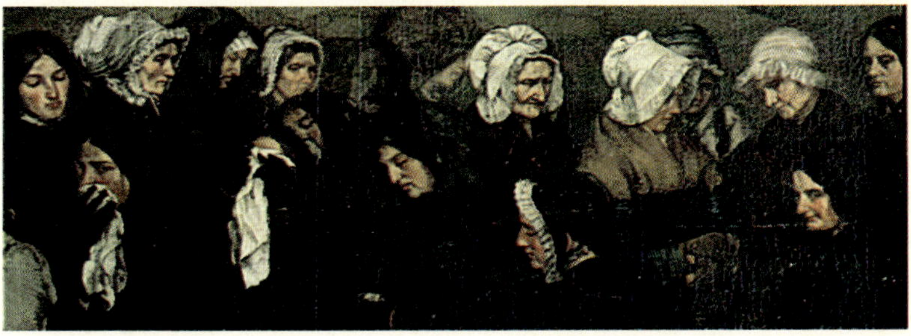

Un enterrement à Ornans (détail), 1849-1850. Paris, Orsay.

plus seulement à fixer un événement mais à exprimer la conscience qu'il a du présent, à mettre en évidence l'aspect mais aussi les aspirations, les contradictions, les tensions de la société contemporaine.

Gautier s'étonnait en 1851 que le tableau de Courbet conférât à « un deuil obscur », c'est-à-dire anonyme, ordinaire, et presque villageois, « le développement d'une scène historique ayant marqué les annales de l'humanité ». Tout dans le tableau va, il est vrai, à l'encontre de cette généralité exemplaire, de cette grandeur poétique ou dramatique qu'exige la peinture d'histoire, même à sujet moderne. La précision géographique (Ornans) de même que le souci de portraiturer* chaque individu ancrent le tableau dans la réalité concrète, l'empêchent, aux yeux de ses détracteurs, de prendre une signification plus large. C'est pointer une contradiction que précisément Courbet liquide. Gautier releva aussi comme une erreur et non une innovation du peintre l'absence de composition équilibrée, de perspective, de *decorum* enfin puisque rien « n'indique ici que la scène se passe dans un cimetière ». L'absence aussi d'une signification claire.

Le simple fait pour Courbet d'avoir brisé simultanément les normes de la peinture d'histoire et l'image idyllique des campagnes est riche pourtant de sens. Ne détruit il pas les hiérarchies que la peinture d'histoire induisait ? Il n'y a plus de héros au-dessus de la condition humaine. Même le rang social ne donne pas droit à préséance. Le cortège de l'*Enterrement* est composé d'hommes et de femmes de conditions différentes sous la continuité apparente de l'habit noir.

Courbet, fils de notable et notable lui-même, en a conscience. Il peint l'égalité devant la mort* comme une image symétrique de l'égalité politique* qu'il appelle de ses vœux. Peut-on aller plus loin et voir dans ces funérailles anonymes celles de la République après l'élection de Louis-Napoléon Bonaparte ? C'est la thèse stimulante de Jean-Luc Mayaud, à l'appui de laquelle il faut mentionner les références évidentes du tableau (les enfants de chœur, la croix, etc.) au *Sacre* de David dont Courbet inverse ici la signification...

Chacun des tableaux jusqu'à *L'Atelier** va de même visualiser un aspect du monde moderne* avec une acuité sociale neuve. Dans la lettre qu'il publie en 1861 à l'adresse des peintres (voir Enseigner), Courbet rappellera que « l'art historique est par essence contemporain ». Et ajoutera : « L'imagination dans l'art consiste à savoir trouver l'expression la plus complète d'une chose existante. »

C'est à tort que certains historiens continuent à lui reprocher de ne pas avoir peint les souffrances du peuple et ses combats. Courbet n'a montré que ce qui lui était familier. Mais cela suffit pour livrer un diagnostic de la société contemporaine dans son ensemble. Sa peinture oblige à regarder sans apitoiement ce que d'autres enjolivent ou passent sous silence : la mendicité (*Les Demoiselles* de village*, 1851), le spectacle dégradant (*Les Lutteurs**, 1853), le travail éreintant (*Les Casseurs* de pierre*, 1849 ; *Les Cribleuses* de blé*, 1855), la relation art-argent (*La Rencontre**, 1854), la situation équivoque de l'artiste « engagé » (*L'Atelier*, 1855). On se tromperait à réduire ces œuvres à leur visée critique. C'est ce qu'elles contiennent aussi de sensualité conquérante, d'érotisme direct, d'énergie, bref de vitalité presque brutale qui le plus souvent fut condamné au nom des bienséances. Courbet reste sourd aux aboiements, trace son sillon, peignant en pleine pâte, composant à rebours des vieilles syntaxes pour parvenir à cette simplicité tranchante où la naïveté des imagiers populaires et du dessin d'enfant rejoint la grande tradition perdue.

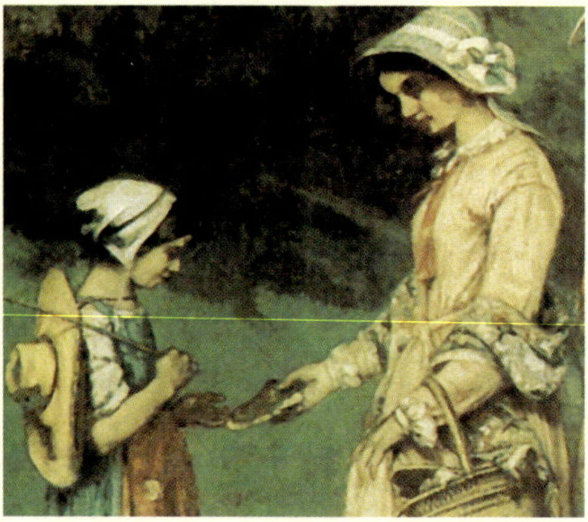

Les Demoiselles de village faisant l'aumône à une gardeuse de vaches dans un vallon d'Ornans (détail), 1851. New York, The Metropolitan Museum of Art.

Stéphane GUÉGAN

II. Courbet chef de file

A. La primauté du paysage

Après le refus de *L'Atelier*, des *Baigneuses** et d'*Un enterrement à Ornans* au Salon qui coïncide avec l'Exposition universelle de 1855, Courbet, marquant ainsi son indépendance*, organise une exposition personnelle dans son « Pavillon du Réalisme ». Il est clair alors que le Salon se ferme de plus en plus à la nouvelle peinture. À partir de 1857 les artistes, pour être admis par un jury exclusivement composé de membres de l'Académie des beaux-arts, doivent avoir déjà obtenu

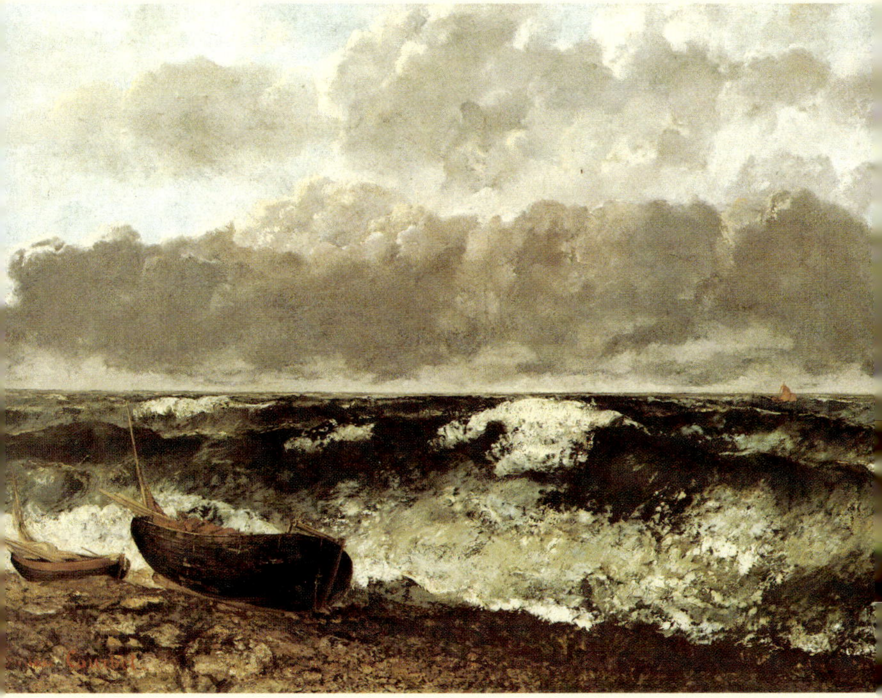

La Mer orageuse, dit *La Vague*, 1869. H/t 117 × 160. Paris, Orsay.

une décoration, et non plus seulement une médaille comme celle que Courbet avait reçue en 1849. Le peintre, peut-être pour cela, s'adonne désormais surtout à des sujets moins perturbateurs, tels que nus, paysages, natures* mortes ou scènes de chasse*. La décennie 1850-1860 est marquée par le triomphe du paysage. N'est-ce pas d'ailleurs un paysage que Courbet a placé sur le chevalet de *L'Atelier* en 1855 ? Les artistes de Barbizon, à la génération précédente, avaient imposé la peinture « sur le motif ». Courbet, lui, a débarrassé le paysage à la fois de l'émotion romantique d'un T. Rousseau et de la poésie onirique d'un Corot, proposant, dès 1852 avec *Les Demoiselles de village*, une vision réaliste de la nature habitée et exploitée par l'homme, mais

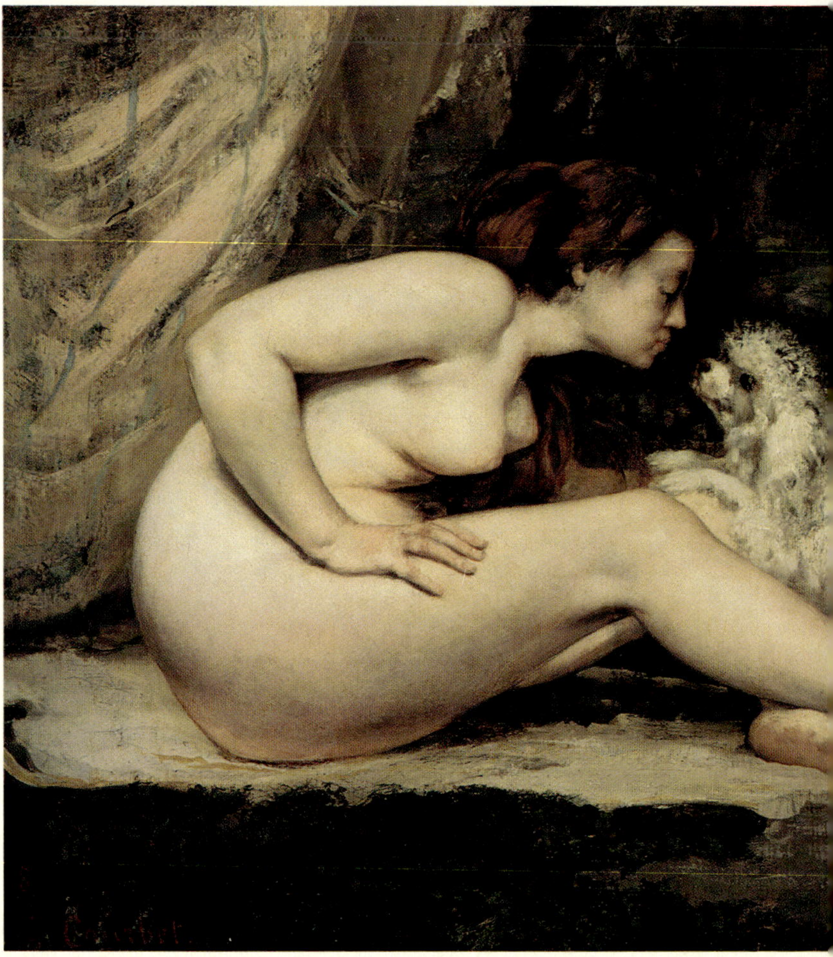

Femme nue au chien, 1861-1862. H/t 65 × 81. Paris, Orsay.

toujours superbe et immense. Les paysages interviennent par séries dans son œuvre, comme de grandes bouffées d'air et de nature, ponctuant le récit d'une vie et donnant un cadre aux étapes traversées, la Saintonge* avec Castagnary (1862-1863), ou la Normandie* (1865-1870) avec de jeunes peintres, Boudin, Whistler ou Monet, qui ont reconnu en lui l'initiateur de la nouvelle peinture (voir Impressionnisme). Mais c'est dans le domaine du nu* que le lien avec la jeune génération s'affirme le plus fortement.

B. Courbet, Manet, Monet : réalisme et jeune peinture

Les femmes à la chair vivante de Courbet et de Manet* s'opposent aux nymphes blanches et lisses de la peinture pompier, comme la *Vénus* de Cabanel (1863, Orsay). La bourgeoise insolente des *Bai-*

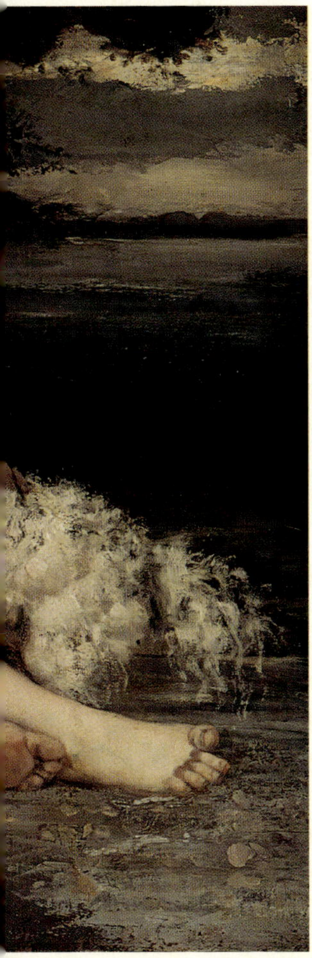

gneuses de Courbet (1853) ou sa *Source* (1868, Orsay) à la taille resserrée par le port du corset, la *Nymphe surprise* de Manet (1861, Buenos Aires) – la propre compagne du peintre –, tracent le portrait de la femme moderne. On les rattache aujourd'hui aux nus de Rembrandt et de Rubens, mais elles détonnent alors violemment sur les cimaises du Salon.

Thoré attribuait aux Hollandais l'introduction d'un « caractère profondément humain » dans l'art. La référence des nus de Courbet et de Manet à ceux du Nord signifie la recherche d'un art de la vie par opposition à la « sclérose académique* » escamotant la nature et figeant la beauté dans le marbre. En 1876 dans *La Nouvelle Peinture*, Duranty appelait encore de ses vœux « la femme française vivante », pour déloger « la femme grecque en marbre » qui s'était « encastrée » dans les esprits.

Ceci permet d'évaluer la révolution que mènent Courbet, puis Manet, et à leur suite Renoir ou Bazille. Plus n'est besoin de prétexte, historique ou mythologique, pour peindre le nu. Seuls comptent la franchise du regard et le refus de voiler d'idéal le corps féminin en en gommant les particularités et la pilosité. La femme semble s'éveiller à la vie, et prendre soudain conscience de la présence du spectateur, surtout chez Manet dont le modèle Victorine Meurent, qui a posé pour *Le Déjeuner sur l'herbe* et *Olympia* (1863, Orsay), regarde droit dans les yeux celui qui la contemple.

D'œuvre en œuvre, ces artistes déshabillent la femme de leur temps pour la montrer telle quelle, dans sa plénitude et à la conquête de son indépendance. Sur ce chemin, *L'Origine* du monde* (1866) de Courbet intervient comme la limite du possible, un moment proprement impensable qui met un point d'orgue à la représentation du nu.

Au delà de ses thèmes de prédilection, le paysage et le nu, Courbet

Double page suivante:
La Remise des chevreuils au ruisseau de Plaisir-Fontaine, 1866.
H/t 174 × 209.
Paris, Orsay.

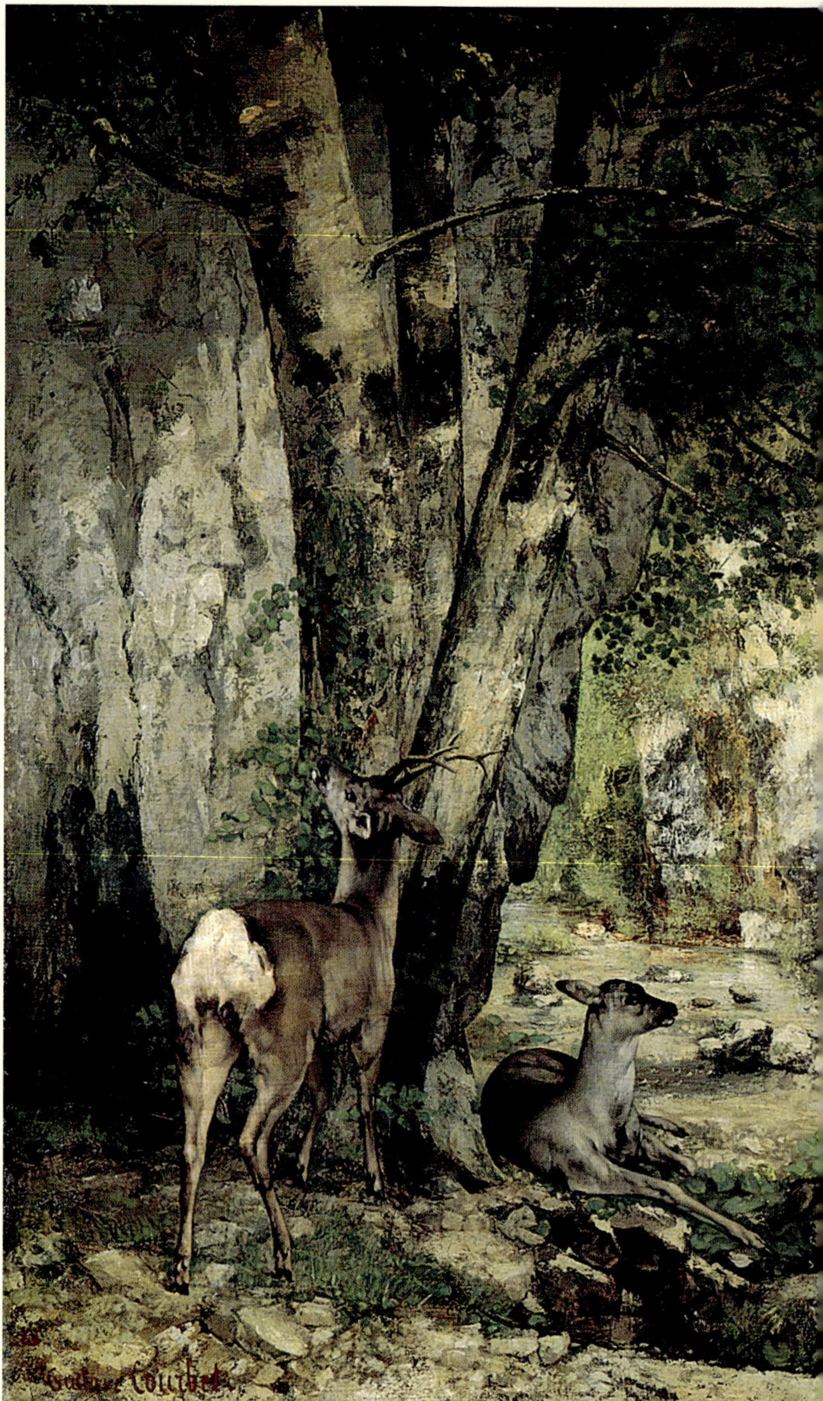

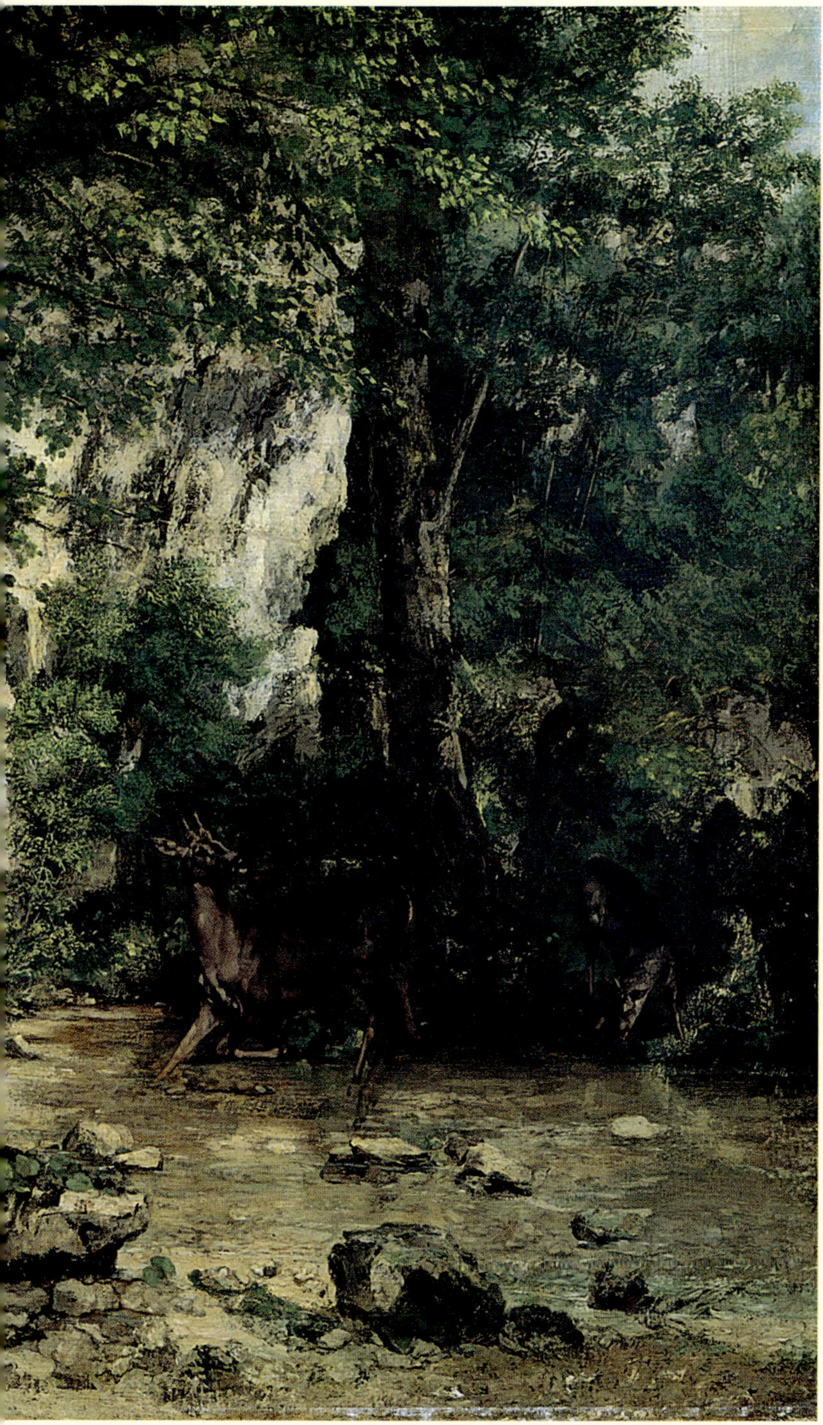

s'est essayé à tous les genres. Il donne le premier rôle à l'animal dans ses scènes de chasse, se plaisant aussi à détailler, en virtuose, le plumage d'un oiseau sur l'épaule d'une jeune fille (*La Fille aux mouettes*, 1865, New York), ou l'éclat visqueux d'une *Truite*. Mais chez lui l'animal est encore lié à l'homme, tandis que chez les impressionnistes il deviendra un motif indépendant.

Le thème des fleurs*, contrairement à celui des animaux, est lié à une période précise, le séjour de Courbet en Saintonge en 1862-1863. On ne saurait comparer ses toiles à celles de Fantin-Latour, qui pourtant fut son élève. Quand Fantin dispose un bouquet sur un coin de table, c'est l'intimité d'un intérieur qu'il restitue, tandis que Courbet, s'il peint une gerbe de fleurs, s'intéresse d'abord à la diversité de la nature. Ses fleurs jaillissent sur des fonds sombres qu'elles recouvrent presqu'entièrement.

C. De la Commune à l'exil

L'œuvre de Courbet, par sa sensualité, se rattache au climat du Second Empire. D'ailleurs, malgré son opposition à Napoléon III, le peintre fut entraîné dans la chute du régime, en dépit de son ascension pendant la Commune*. C'est pourtant une période riche sur le plan pictural. La maturité de l'artiste s'exprime dans la splendeur des natures mortes qu'il peint en prison en 1871, après le « déboulonnage » de la colonne Vendôme, ou dans la clinique où il est transféré pour raison de santé. Il s'est représenté dans sa cellule, le foulard rouge des communards autour du cou (*Portrait de l'artiste à Sainte-Pélagie*, 1873-1874, Ornans). Mais les seuls modèles autorisés sont des pommes et des poires auxquelles sa brosse confère une densité qui annonce Cézanne. Malade, cerné par les procès, dépouillé de ses œuvres (volées ou saisies), on lui refuse l'autorisation de présenter une exposition permanente à Paris ; son envoi au Salon est rejeté. Durand-Ruel organise cependant une belle vente de ses tableaux. Il constitue, enfin, un atelier avec quelques élèves, Ordinaire, Pata et Cornu. Mais la situation se gâte en 1873. Il se décide à fuir en Suisse, et s'installe au « Bon-Port » à La Tour-de-Peilz.

On le décrit noyant ses soucis dans le vin blanc, et peignant à un rythme industriel des paysages avec ses aides pour rembourser la colonne. Il est malgré tout entouré d'amis et d'amateurs, et ne perd rien de sa créativité. La Suisse l'honore, et l'on devine, lorsqu'on se rend aujourd'hui au « Bon-Port », que, malgré l'hydropisie qui devait l'emporter le 31 décembre 1877, le peintre a dû y connaître des moments de réel bonheur visuel.

Les Trois Truites de La Loue (détail), 1872. Berne, Kunstmuseum.

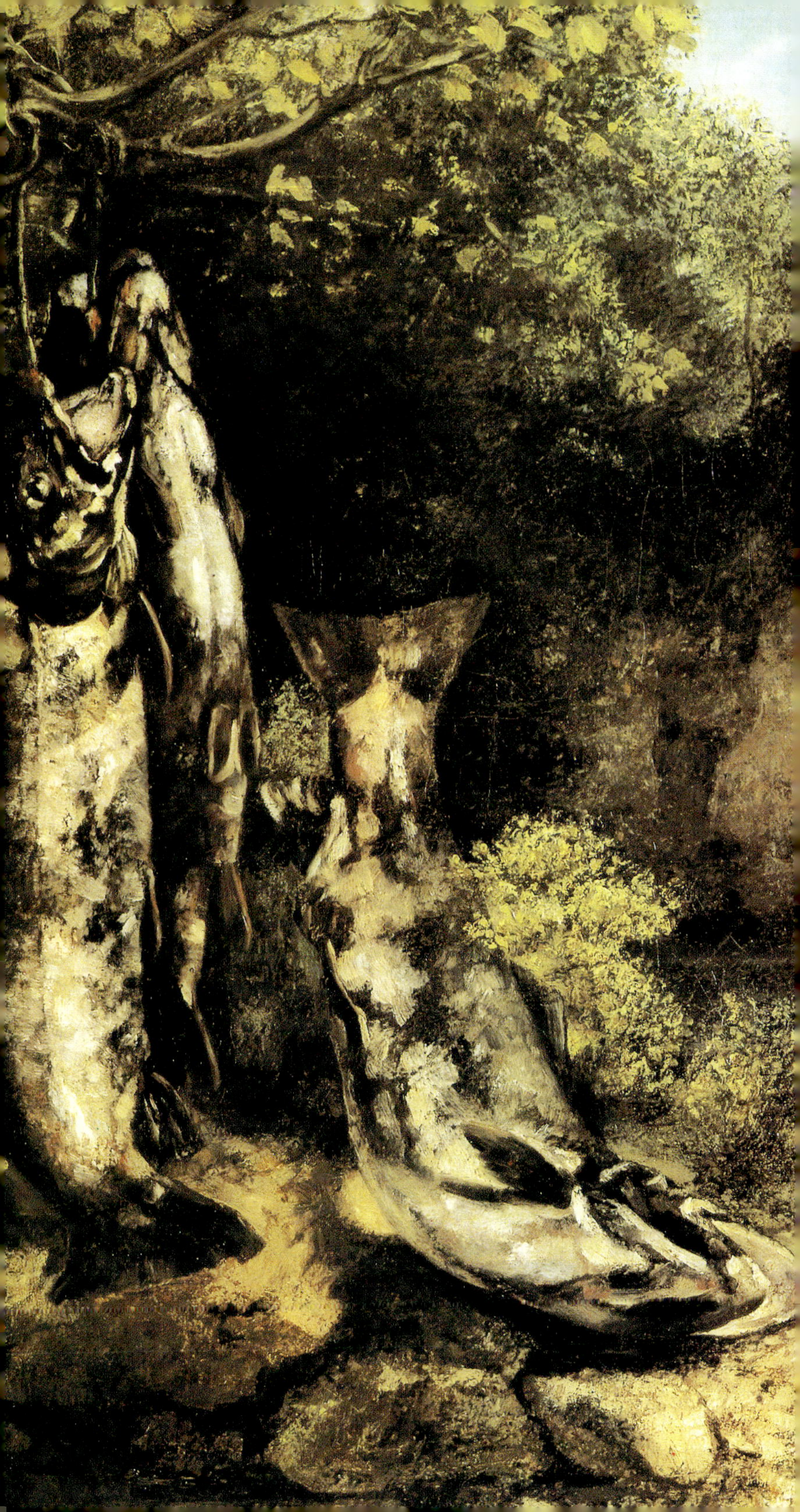

III. La littérature du réel

A. Champfleury et Baudelaire

Quand il évoque en 1848 « des gens très influents dans les journaux et les arts qui sont enthousiasmés de [sa] peinture », Courbet songe à Champfleury et Baudelaire. Les deux écrivains s'étaient rencontrés au journal *Le Corsaire-Satan.* Quant à Courbet, à qui le franc-comtois C. Toubin avait présenté Baudelaire après le Salon de 1846, il avait envisagé, en 1847, d'écrire à ce journal pour protester contre le refus de ses tableaux au Salon. À la veille de la révolution de 1848, Baudelaire, Champfleury et Toubin ont fondé *Le Salut Public* dont le deuxième et dernier numéro s'orne d'une illustration de Courbet. Les jeunes artistes se retrouvent alors à La Rotonde, avant d'émigrer à la brasserie Andler (voir Mère Grégoire).

Baudelaire et Champfleury sont très liés malgré leurs divergences à propos du réalisme. Le réaliste Champfleury défend la peinture de Courbet, en qui il devine un maître, et écrit des textes courts (*Chien-Caillou,* inspiré de la vie du graveur Bresdin, en 1845, *Les Aventures de Mademoiselle Mariette,* en 1851) dans un style plat, à la recherche d'un art simple pour rendre compte de la vie quotidienne, dont Baudelaire prendra la défense. Mais on lui reprochera cette simplicité et certaines négligences de style. On doit cependant le créditer d'avoir ouvert la voie à Flaubert* et d'avoir remis à l'honneur, avec Thoré, la peinture du Nord.

Baudelaire, dans son projet d'article « Puisque Réalisme il y a », a prétendu qu'avec le réalisme, Champfleury voulait « faire une farce au genre humain ». Ce dernier tente pourtant de s'expliquer sur ce terme en 1857, dans un recueil d'articles intitulé *Le Réalisme,* un an après les *Discussions esthétiques* que Max Buchon avait publiées à Neuchâtel pour définir l'art en général et le réalisme en particulier. Se référant à Diderot qui recommandait l'étude de la nature, Champfleury reproduit entre autres sa « Lettre à M. Ampère » sur la poésie et la chanson populaires et

Charles Baudelaire, détail de *L'Atelier du peintre,* 1855. Paris, Orsay.

sa « Lettre à Mme Sand » sur Courbet. En fait, celui que l'on a surnommé le « cornac » de Courbet n'est déjà plus en accord, en 1857, avec le peintre, dont il n'a pas bien compris *L'Atelier* et dont il n'apprécie pas *Les Demoiselles* des Bords de la Seine.*

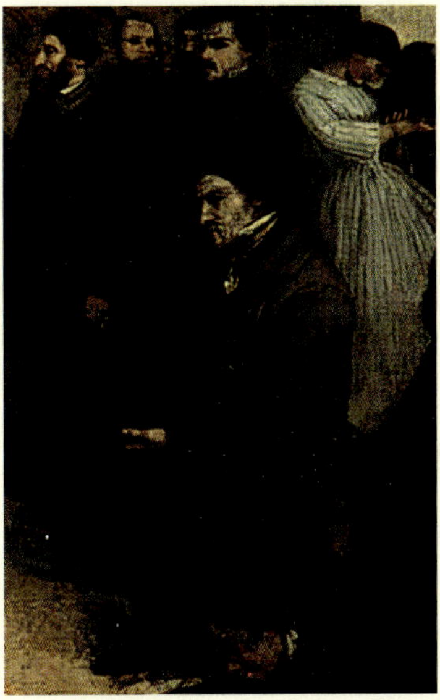

Champfleury, détail de *L'Atelier du peintre*, 1855. Paris, Orsay.

En groupant des artistes de talent et des critiques dont Baudelaire et Duranty* autour de Champfleury dans son *Hommage à Delacroix* (1864, Orsay), Fantin-Latour voulait définir « la jeune école », représentée par Manet, Whistler, Bracquemond, Legros et lui-même – sans Courbet –, comme la réconciliation du réalisme et du romantisme. Champfleury et Baudelaire se retrouvaient donc, de part et d'autre de Manet, après avoir figuré ensemble dans *L'Atelier* en 1855, puis dans *La Musique aux Tuileries* de Manet en 1862 (Londres).

B. Les procès

1857 est une année charnière pour le réalisme. Outre le recueil de Champfleury et la revue *Réalisme* de Duranty, elle voit en effet la publication de *Madame Bovary* et des *Fleurs du Mal*, qui donnent lieu à de retentissants procès. Ayant conçu son roman par « haine du réalisme », Flaubert devient paradoxalement le chef de cette école. Champfleury d'ailleurs s'en rend compte, constatant que *Madame Bovary* pourrait être de lui. Le procès de l'œuvre est effectivement le procès de la littérature réaliste (voir Roman réaliste) considérée dans ses aspects les plus triviaux, mais l'avocat de Flaubert parvient à le faire acquitter en montrant que la lecture de son roman ne pouvait qu'inspirer l'horreur du vice.

Quelques mois plus tard, à la parution des *Fleurs du Mal*, l'accusation de réalisme ayant été reprise contre lui, Baudelaire est en revanche condamné pour immoralité. Il doit supprimer six poèmes de son recueil. Il publie peu après un article élogieux sur le roman de Flaubert dans *L'Artiste*.

C. Des Goncourt à Zola

Castagnary* préférait le terme de « naturalisme » à celui de « réalisme ». Le mot est repris en 1865 par Zola*, qui définit la nouvelle littérature comme une analyse du monde contemporain à la lumière des découvertes de la science, la médecine surtout. Il s'enthousiasme alors pour *Germinie Lacerteux*, des frères Goncourt qui, en relatant la double vie de leur vieille servante, étudient un cas d'hystérie. De même que les peintres de l'époque représentent inlassablement le nu féminin, les romanciers naturalistes sont fascinés par la sexualité de la femme, source de désordre et de maladies (voir la grande peur de la syphilis).

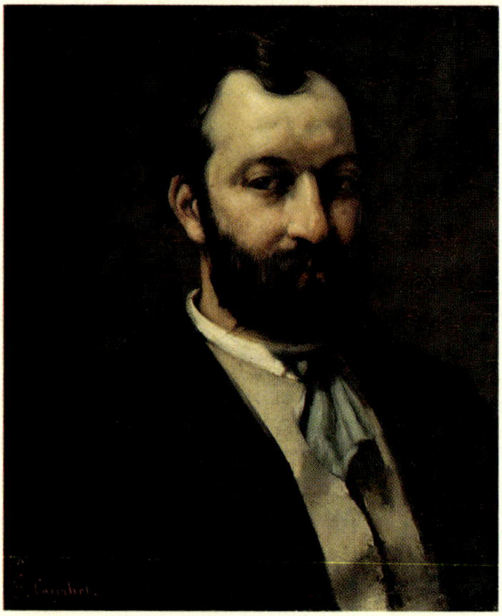

Jules Antoine Castagnary, 1870. H/t 55 × 45. Paris, Orsay.

Parallèlement Zola défend la peinture moderne : lui qui sera en fin de compte décontenancé par la peinture de son ami Cézanne, met en 1865 Courbet au rang de Véronèse, Rembrandt et Titien, lui reproche les « gentillesses » de *La Femme* au perroquet* en 1866, et écrit un article décisif sur Manet en 1867 (*Une nouvelle manière en peinture : Édouard Manet*). La même année les Goncourt publient *Manette Salomon* (on a vu un rapport entre *Manet* et *Manette*), sur le monde des peintres de Barbizon. Mais dans l'ensemble les romans des deux frères ne restituent que par fragments la société du XIXe siècle, tandis que le projet romanesque de Zola est plus global. S'appuyant sur la méthode exposée par Claude Bernard dans l'*Introduction à la Médecine expérimentale*, ce dernier publie de 1871 à 1893 le cycle des *Rougon-Macquart*, ou l'« histoire naturelle et sociale d'une famille sous le Second Empire », fondée sur les lois de l'hérédité. Zola rassemble autour de lui le « groupe naturaliste » qui se réunit dans sa maison de Médan. Dans ses recueils d'articles (*Le Roman expérimental*, 1880 ; *Les Romanciers naturalistes*, 1881), il dresse un historique possible de l'esthétique nouvelle : Stendhal, Balzac, les Goncourt, etc. Ils sont le passé du roman moderne dont Zola se veut l'avenir.

L'Atelier du peintre (détail), 1855. Paris, Orsay.

Michèle HADDAD

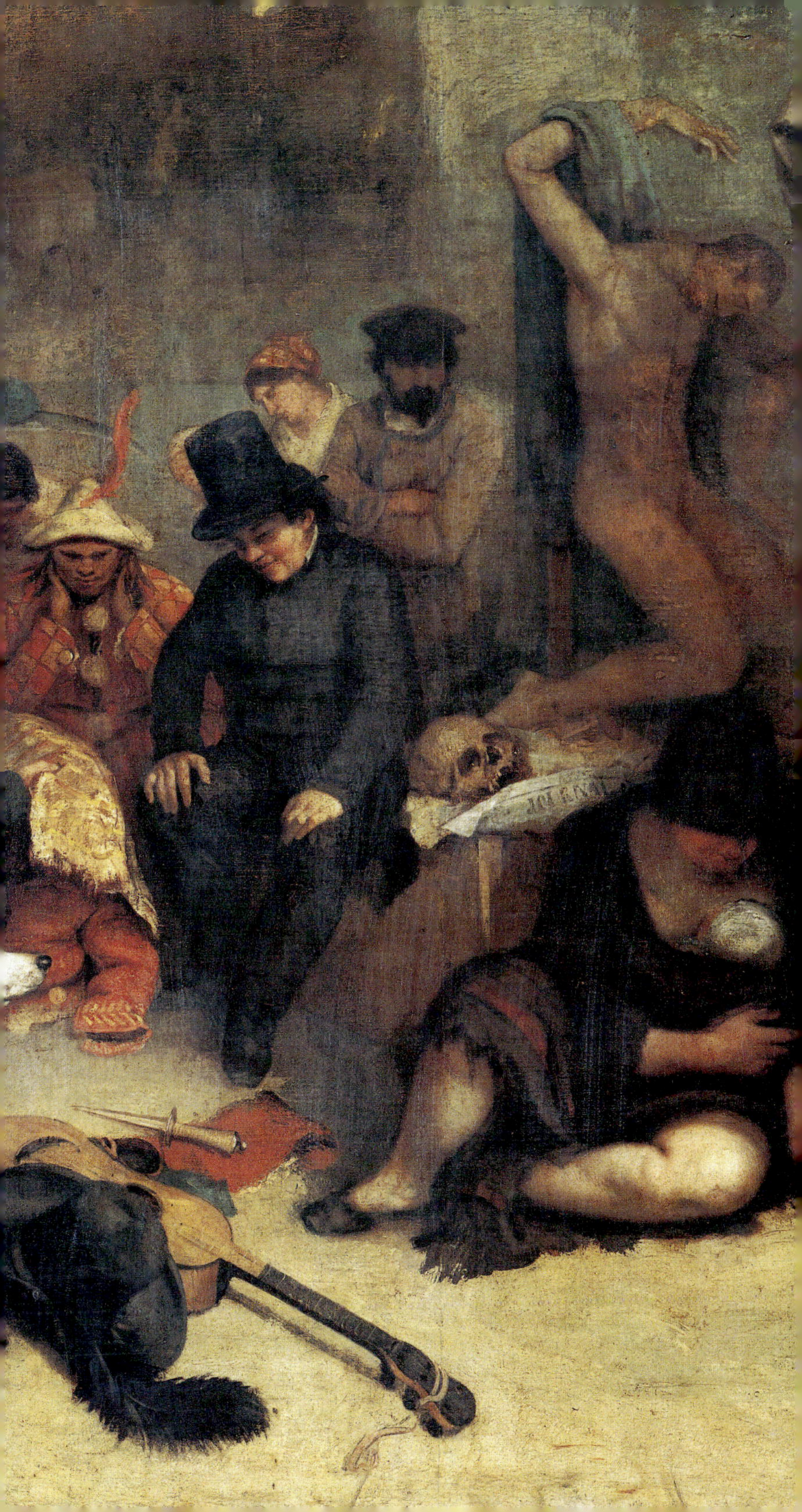

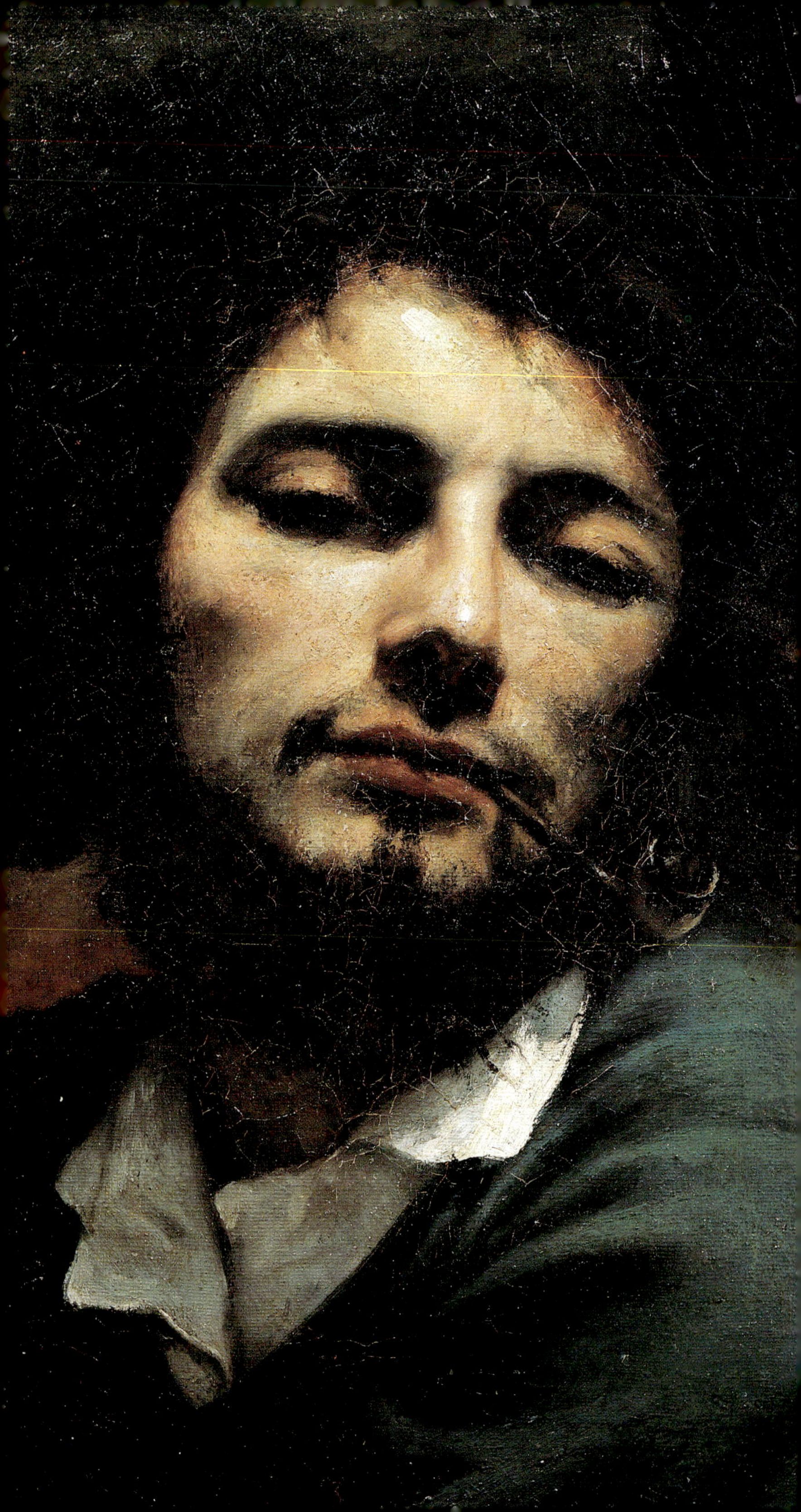

ACADÉMIQUE (ART)
Nouvelle peinture d'histoire et faux réalisme

Commentant le Salon de 1848 que Ledru-Rollin a rendu libre le 29 février, Champfleury* se félicite que les envois de Courbet aient pu « à la faveur de la révolution » échapper à la censure du « jury académique ». Qui sont ces cerbères qui ferment la porte de l'exposition officielle à l'art indépendant ? Parmi les jurés de 1847, Ingres, Delaroche et Vernet se sont abstenus, laissant à leurs collègues de l'Institut le plaisir de repousser la jeunesse, qu'elle se nomme Chassériau ou Courbet. Vaine résistance : les débris du néoclassicisme, Abel de Pujol, Hersent ou Picot ne peuvent enrayer le mal. La dissidence est partout, dans le camp romantique* depuis trente ans, parmi la jeunesse des ateliers patentés aussi. Car même quand elle apparaît orthodoxe il est rare que la peinture d'histoire (grand sujet, message élevé, etc.) qui s'expose autour de 1850 se conforme à ses principes constitutifs. Au Salon de 1847 triomphe précisément Gérôme, élève de Delaroche, avec *Le Combat de coqs* (Orsay), une image de la Grèce dépourvue de tout héroïsme, voire de contenu moral. Les anatomies n'y ont pas toujours l'aspect châtié, idéalisé des guerriers davidiens. Cependant le style reste noble, d'un dessin fin, d'un coloris précieux. Au lieu d'élever – comme Courbet le fera à partir de 1849 – un sujet de genre à la dignité de la peinture d'histoire il abâtardit la peinture d'histoire de concessions familières ou pittoresques. Cette alliance contre nature, cette tension, tout au moins, entre style élevé et détail (sinon sujet) trivial, caractérise tout un pan de la peinture d'histoire après 1850, en rupture plus ou moins ouverte avec la hiérarchie* des genres. C'est sur ces compromis pseudo-traditionnels que tranchera la vigueur iconoclaste de Courbet. Mais le réalisme* a lui-même engendré cet art de demi-mesure qui glorifie le paysan (R. Bonheur, J. Breton) ou s'apitoie sur les misères du peuple (Tassaert, Antigna*, Pils) en s'appropriant la rhétorique de l'École des beaux-arts. SG

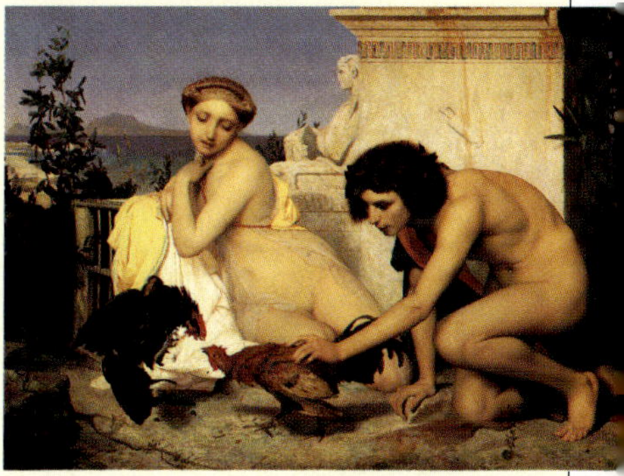

Jean-Léon Gérôme, *Le Combat de coqs*, 1846. H/t 143 × 204. Paris, Orsay.

L'Homme à la pipe, v. 1849. H/t 45 × 37. Montpellier, musée Fabre.

Allemagne

Courbet voyagea en Europe, appelant de ses vœux une « république européenne », aspiration qui sous-tend peut-être la composition de *L'Atelier**. Il se rendit en Belgique, en Hollande*, en Suisse, et surtout en Allemagne où il exposa plusieurs fois, créant autour de lui un cercle de jeunes artistes qui subirent son influence. Il peignit parmi eux *La Dame de Francfort* (Cologne) et le *Portrait de Lunterschutz* (Francfort) en 1858, *La Dame de Munich* (Cologne) en 1869. Son exposition au Salon International de Munich en 1869 constitua l'événement de l'année. Ses exploits à la chasse* au cerf et sa capacité de buveur de bière l'avaient rendu célèbre outre-Rhin. Il reçut de Louis II de Bavière l'ordre de Saint-Michel mais refusa la Légion d'honneur en France.
À Paris, il avait toujours évolué

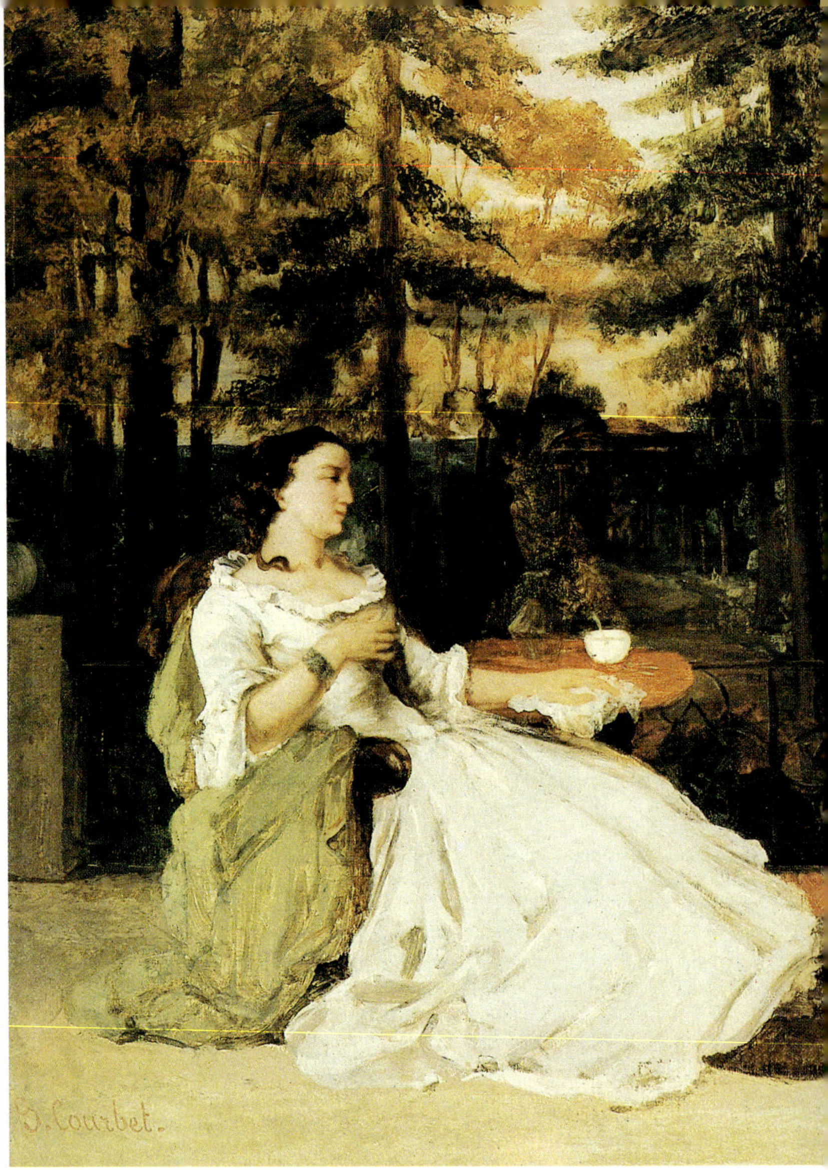

dans un milieu proche de l'Allemagne – on lui reprocha d'ailleurs sa germanophilie – par le goût et par les idées, retrouvant ses amis, dès la fin de 1848, à la brasserie Andler (voir Mère Grégoire) où l'on élaborait le réalisme* en chantant et en buvant de la bière. Déçu par la guerre de 1870 il adressa des « Lettres ouvertes à l'armée allemande et aux artistes allemands » qu'il lut à l'Athénée (voir Correspondance). MH

« Je roule dans les pays étrangers pour trouver l'indépendance d'esprit qui m'est nécessaire, et pour laisser passer ce gouvernement dans lequel je ne suis pas en honneur, vous le savez. Mon absence m'a réussi admirablement ; mes actions montent à Paris [...] Je ne veux rien demander au gouvernement. »

Gustave Courbet à sa famille, 1859.

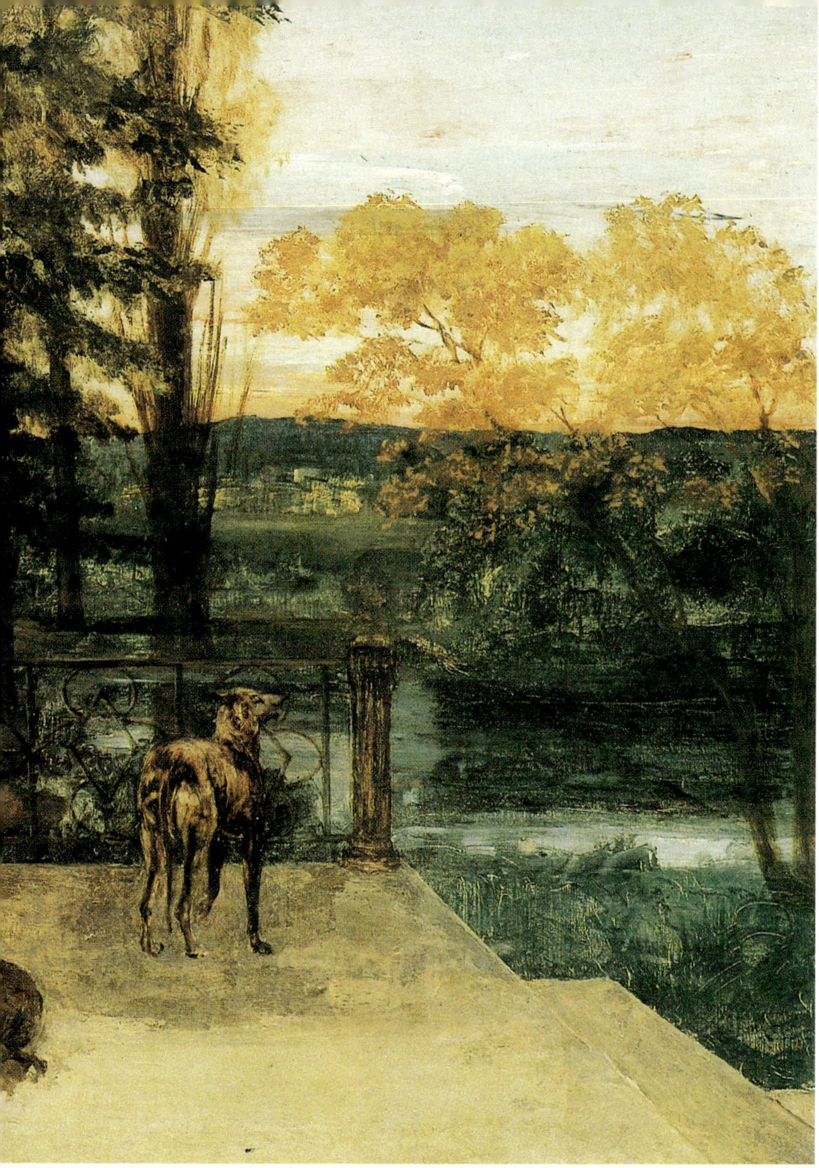

Antigna (Alexandre)

Alexandre Antigna (1817-1878), élève de Delaroche, est l'exact contemporain de Courbet. Imprégné des idées démocratiques qui se répandent dans les années 1840, il peint les pauvres gens sur grand format, donnant de la misère, entre 1845 et 1859, une représentation sombre et mélodramatique, plus romantique* que réaliste*. Son goût du drame lui valut de la part des Goncourt* le titre de « peintre des engelures ». Pourtant son tableau *L'Incendie*, présenté au Salon de 1850-1851, est une œuvre forte, dont la composition pyramidale et la lumière théâtrale soulignent le caractère tragique. Acquis par l'État en 1851, il fut mis en dépôt au musée d'Orléans, ville natale de l'artiste, en 1886.

Peu de temps après, Courbet peignit son seul tableau de rue (voir Ville et campagne), le *Départ des Pompiers courant à un incendie* (Petit Palais), que

La Dame de Francfort, 1858. H/t 104 × 140. Cologne, Wallraf-Richartz-Museum.

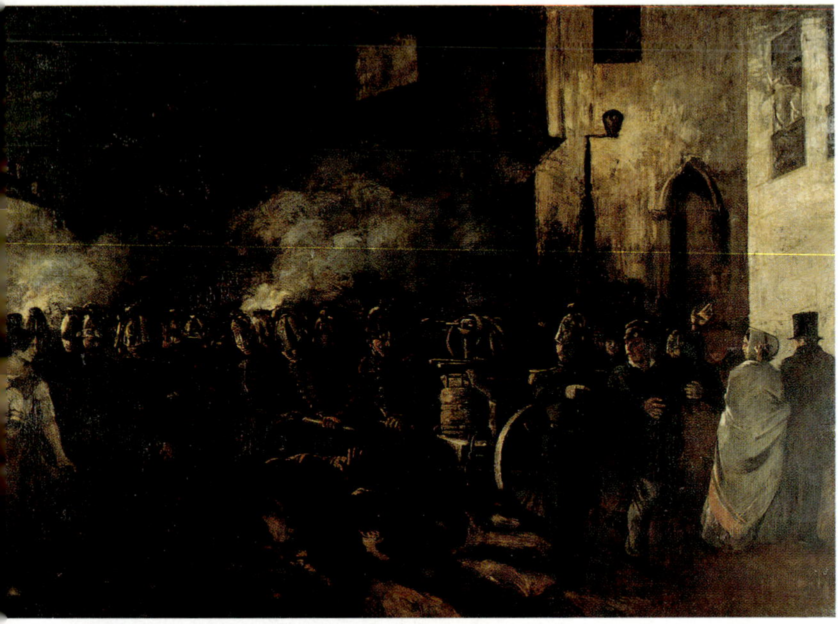

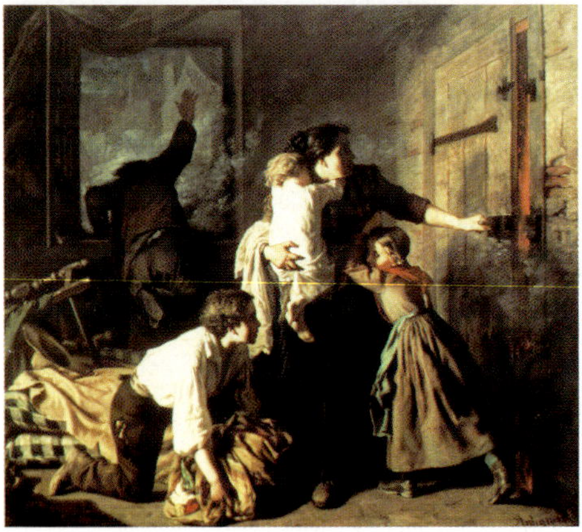

Alexandre Antigna, *L'Incendie*, 1850. H/t 262 × 282. Orléans, musée des Beaux-Arts.

En haut : *Départ des pompiers courant à un incendie*, 1850-1851. H/t 388 × 580. Paris, Petit Palais.

l'on peut interpréter comme la suite, moins emphatique et authentiquement réaliste, de l'anecdote représentée par Antigna, avec les mêmes personnages qui semblent surpris quelques instants après. Œuvre inachevée et mystérieuse, c'est une scène de rue nocturne, épique à la manière de *La Ronde de nuit* de Rembrandt (voir Hollande) à laquelle on l'a rattachée. MH

Argent

Le problème de l'argent est omniprésent dans la correspondance* de Courbet. Il s'était fixé le but difficile d'être autonome financièrement et de vivre de sa peinture. Or Flaubert* disait que les artistes étaient des « ouvriers de luxe » que personne n'était assez riche pour payer, et que, si l'on voulait vivre de sa plume, il fallait être journaliste. En fait la recherche par Courbet de solutions comme les expositions* personnelles et le mécénat* privé, avec la constitution de foyers d'amateurs fortunés comme Bruyas* et ses amis dans la région de Montpellier, Étienne Baudry et son entourage en Saintonge*, ou Khalil-Bey pour les nus*, fut une étape non négligeable dans l'évolution de la carrière des peintres au milieu du XIXe siècle.

Parallèlement Courbet s'efforçait de développer sa clientèle bourgeoise. En 1865 il deman-

■ ART SOCIAL, ART VIVANT
« L'art historique est par essence contemporain » (1861)

L'avertissement de Courbet, en tête du catalogue qui accompagnait en 1855 son exposition* avenue Montaigne, définit la position du réalisme* dans le champ esthétique contemporain : « J'ai étudié, en dehors de tout esprit de système et sans parti pris, l'art des anciens et l'art des modernes. Je n'ai pas plus voulu imiter les uns que copier les autres ; ma pensée n'a pas été davantage d'arriver au but oiseux de l'art pour l'art. Non ! J'ai voulu simplement puiser dans l'entière connaissance de la tradition le sentiment raisonné et indépendant de ma propre individualité. Savoir pour pouvoir, telle fut ma pensée. Être à même de traduire les mœurs, les idées, l'aspect de mon époque, selon mon appréciation, être non seulement un peintre, mais encore un homme, en un mot faire de l'art vivant, tel est mon but. »

Ce qui se voulait alors un manifeste* ne s'embarrassait pas de nuances à l'égard des doctrines adverses. Repoussoir facile, l'art pour l'art y est réduit à sa caricature : inutilité factice et indifférence à la réalité. Rien n'est dit de ce que ses défenseurs, de Gautier à Baudelaire*, réaffirmaient pourtant sans cesse. Que la vraie peinture n'avait que faire du pittoresque aguicheur, de la théâtralité tape-à-l'œil, mais qu'elle reposait au-delà de ces scories du sujet sur une « motivation forte entre forme et sens » (T. Todorov). Pourtant Courbet, qui en 1846 sollicitait le suffrage de Gautier et l'obtint en 1849, s'est toujours efforcé de libérer ses tableaux de toute rhétorique nuisible à leur franchise d'aspect et à leur signification.

D'ailleurs les déclarations de 1855 se séparent aussi des thèses de l'art social qui florissaient depuis l'*Appel aux artistes* d'Émile Barrault en 1830. Elles avaient en commun d'engager l'art dans l'apostolat progressiste selon une conception vertueuse et souvent didactique de son action. Démocrate mais non homme de parti (voir Politique), refusant de délivrer un message univoque comme de glorifier le peuple laborieux, Courbet enthousiaste et sceptique à la fois ne prône que « l'art vivant » (voir Seconde République). Le regard qu'il porte sur la société n'est lucide et porteur de changement que dans la mesure où il en éclaire les contradictions. Et son idéal de liberté individuelle, physique et morale, ce sont ses paysages* robustes qui le suggèrent le mieux. Sans prédication partisane. SG

dait à son marchand 300 F pour un petit paysage*, 1000 F pour un portrait* (1500 F à Trouville*), 6000 F pour le portrait de Proudhon*, sachant que le prix serait au moins doublé à la revente.

Issu d'un milieu aisé mi-paysan mi-bourgeois de Franche-Comté* où son père possédait des terres et des maisons, il se mêla lui aussi parfois d'acheter et de vendre des terrains. Mais il mourut ruiné, hanté par le remboursement des 300 000 F qu'il avait été condamné à verser pour la reconstruction de la colonne Vendôme (voir Commune). MH

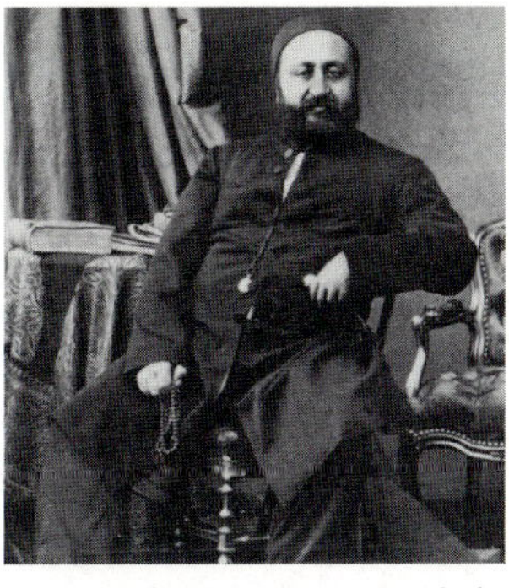

Portrait présumé de Khalil-Bey. Photographie.

Tableau-rébus qui veut tout dire sur le peintre, sa vie et son art, *L'Atelier* a donné lieu à maintes interprétations, maçonnique, fouriériste, proudhonnienne... L'« allégorie réelle » se déploie comme un triptyque : à droite les tenants du réalisme*, réunis autour de Champfleury* et de Baudelaire*, et identifiés dès 1855 ; au centre l'artiste, dans l'un de ses plus beaux autoportraits*, peignant un paysage* en hommage à la nature et à son pays natal sous les yeux d'une femme* nue (la Muse ? la Peinture ?) et d'un jeune enfant (la Naïveté* ?) ; à gauche enfin la partie la plus difficile à décrypter, le « monde de la vie triviale » (lettre de Courbet à Champfleury, automne 1854). Hélène Toussaint a réussi à nommer tous les personnages de la partie gauche de la toile, découvrant au premier plan Napoléon III, dans un habit de chasse. Tableau à la gloire de la peinture, de l'artiste en général, et de Courbet en particulier, *L'Atelier* fut peint pour l'Exposition universelle de 1855. C'est une des clés de l'œuvre, comme l'ont rappelé P. Georgel et K. Herding. On pourrait en particulier expliquer la présence de l'empereur par le rôle qu'il a joué dans la conception et l'organisation de l'Exposition, soutenu en cela par les saint-simoniens qui l'aidèrent de leurs idées et de leurs capitaux. À moins qu'on ne l'inter-

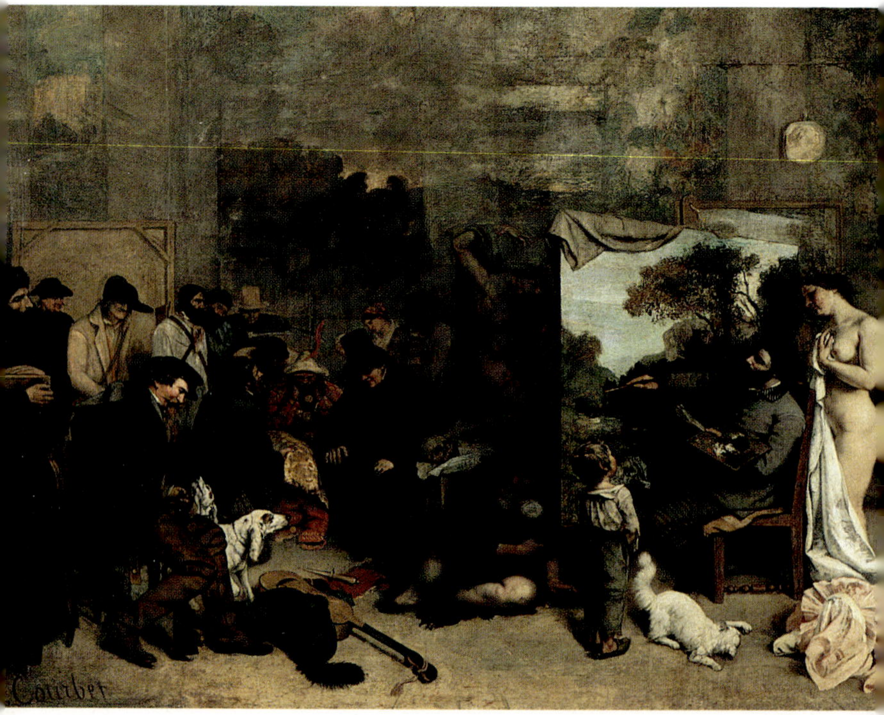

prète, avec K. Herding, comme l'expression du désir du peintre de s'adresser à l'empereur soit pour l'exhorter à la clémence, soit pour gagner sa sympathie. Hélas la toile fut refusée, ce qui incita Courbet à organiser une exposition* particulière payante avenue Montaigne.

Œuvre totalisante à la manière de la *Comédie humaine* de Balzac, en laquelle se rassemblent tous les genres de la peinture, histoire, portrait*, nu*, scène de genre, paysage*, nature* morte, peinture animalière, la vaste enseigne de Courbet n'a pas obtenu le succès que son auteur espérait. Pourtant l'œuvre s'inscrivait dans une longue suite de représentations d'ateliers d'artistes. *Le Magasin Pittoresque* avait d'ailleurs publié, en 1849, un article sur l'« atelier de nos jours », illustré par une gravure d'Henri Valentin représentant l'atelier de Clésinger, dont Courbet s'est peut-être inspiré. MH

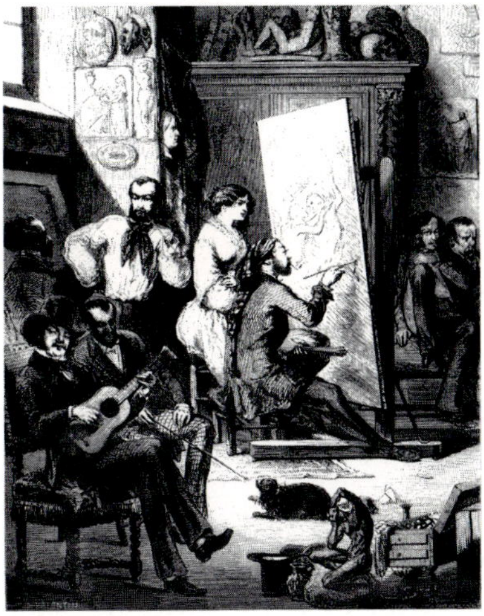

Henri Valentin, *L'Intérieur de l'atelier d'un artiste au XIXe siècle*, 1849.

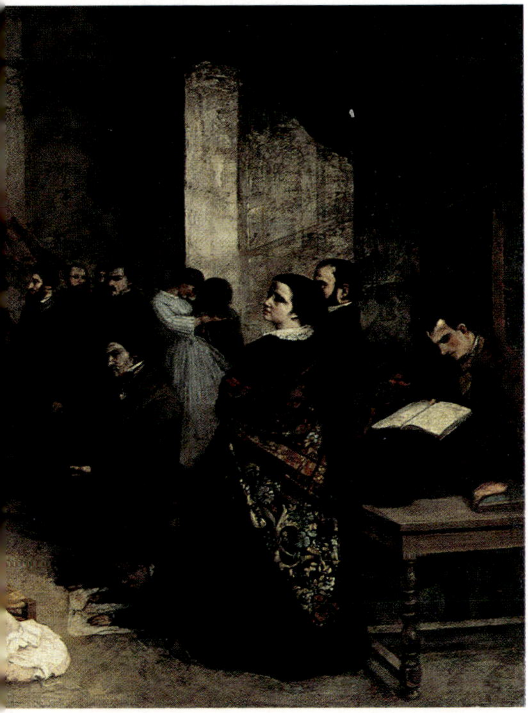

« C'est le monde qui vient se faire peindre chez moi. »

Courbet, 1854.

L'Atelier du peintre

Allégorie réelle déterminant une phase de sept années de ma vie artistique.
1855. H/t 359 × 598
Paris, Orsay.

AUTODIDACTE ?
L'artiste incréé ou les débuts de Courbet

Courbet affirmait qu'il n'avait pas eu de maître et qu'il s'était formé tout seul, par un travail acharné, à l'étude des anciens dans les musées. Sans doute voulait-il dire que, dans sa volonté d'être un artiste sincère, il n'avait jamais imité personne, pas même d'ailleurs ces phares du romantisme* qu'il estimait, Delacroix et T. Rousseau. Il avait eu cependant des professeurs, artistes médiocres sans doute, mais qui ont su deviner les dons du jeune homme qui venait apprendre les fondements de son art : le père Beau, à Ornans, qui emmenait sa classe peindre dans la nature ; Flajoulot, à Besançon, qui appliquait dans son atelier l'enseignement de David, se proclamant le roi du dessin* et surnommant Courbet roi de la couleur. Auprès de lui Courbet apprit sans conteste à dessiner.
À son arrivée à Paris, en 1839, il s'inscrit chez Steuben, qui avait été lui-même l'élève de Gérard et de Prud'hon. Il le quitte quelques mois plus tard, envisageant d'entrer chez Picot. Mais il se contente de suivre un cours de modèle le matin et un cours d'anatomie le soir, et de montrer son travail à Auguste Hesse, le maître de son ami Marlet, qui lui prédit un bel avenir. Il expose* d'ailleurs à ses premiers Salons (1844-1845) sous le titre d'élève de Hesse. Par la suite, reniant ces maîtres, il travaille dans des ateliers libres, chez le père Suisse ou le père Lapin, et pratique surtout la copie au Louvre et au Luxembourg, en suivant son goût qui le mène autour de 1847 plus vers l'Espagne et la Hollande* que vers l'Italie. MH

Charles von Steuben, *Trait de la jeunesse de Pierre le Grand*, v. 1827. H/t 65,3 × 88. Béziers, musée des Beaux-Arts.

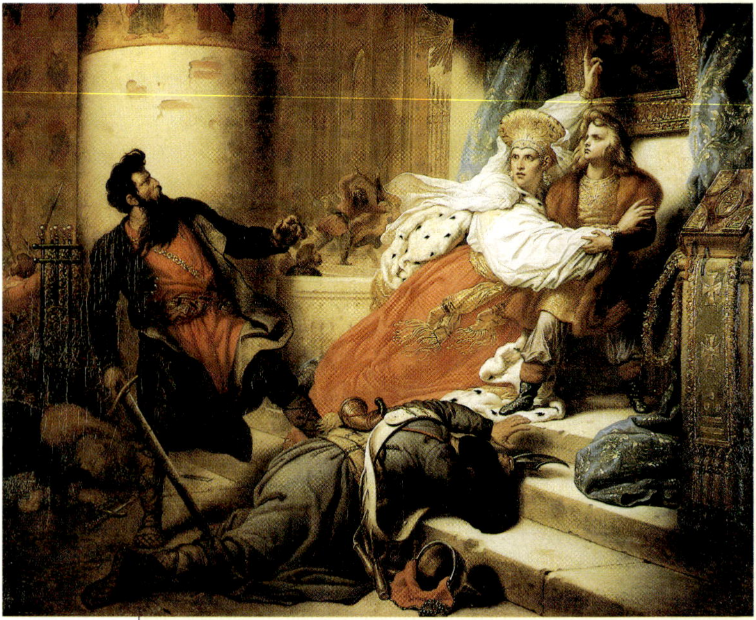

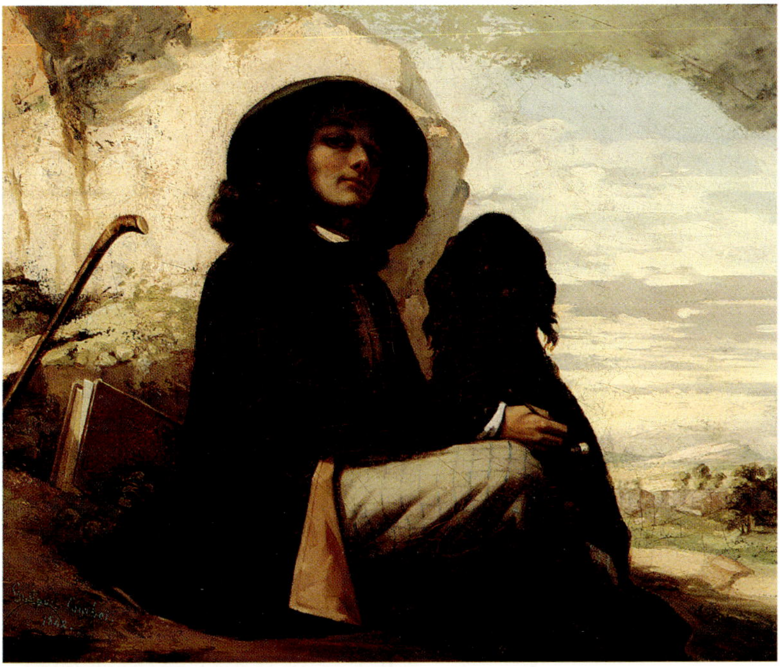

Portrait de l'artiste dit *Courbet au chien noir*, 1844. H/t 46 × 55. Paris, Petit Palais.

Autoportraits

Toute œuvre est un peu un autoportrait dans la mesure où l'artiste s'y révèle. Certains peintres cependant, plus que d'autres, s'adonnent à cet exercice particulier. Rembrandt livre au fil de ses toiles le mûrissement de son visage, du fier jeune homme vêtu d'or au vieillard revenu de tout. On parle du narcissisme de Courbet, infatué de lui-même, heureux de représenter sa propre beauté. Le peintre, certes, s'est pris comme personnage privilégié. Comment mieux traquer les progrès réalisés qu'en reprenant toujours la même figure, la sienne, sur laquelle, à chaque étape, il lit l'apport de l'art ?
Le roman de sa vie apparaît à travers une longue série d'autoportraits, depuis le *Portrait de l'artiste* dit *Courbet au chien noir* (1844, Petit Palais), dans lequel le peintre se montre, romantique*, tel un jeune Rastignac qui monte à l'assaut de la capitale, jusqu'au terrible *Portrait de l'artiste à Sainte-Pélagie* (1873-1874, Ornans, ill. p. 50), sûr de lui, toujours, et digne, au sein de l'univers carcéral (voir Commune). Amours de jeunesse évoquées dans le tourbillonnement d'une valse dans *Les Amants dans la campagne* (v. 1844, ill. p. 10) ou dans *L'Homme blessé* (1844-1854, Orsay), dans lequel Courbet, sans se nommer, se représente mourant après le départ de sa maîtresse. Maîtrise atteinte, dans *L'Homme à la ceinture de cuir* (v. 1845-1846, Orsay, ill. p. 6) et *L'Homme à la pipe* (v. 1849, Montpellier, ill. p. 28). Réussite sociale décrite avec complaisance dans *La Rencontre**, en hommage à son mécène* Alfred Bruyas*. Gloire enfin, mais rêvée, dans l'univers fantasmatique de *L'Atelier**. MH

« Figurez-vous une sorte de Vénus hottentote sortant de l'eau, et tournant vers le spectateur une croupe monstrueuse et capitonnée de fossettes. »

Théophile Gautier, 1853.

Baigneuses (Les)
Il est difficile de comprendre le scandale causé par *Les Baigneuses* au Salon de 1853. La figure de gauche, malgré sa forte musculature, est pourtant moins agressive que telle de Jordaens ou Rubens ! Ce tableau marque cependant une réelle rupture dans l'histoire de la peinture, car il s'oppose avec véhémence aux nus académiques, lisses et idéalisés, que les peintres pompiers accrochaient alors aux cimaises du Salon.
Première femme* déshabillée du siècle et premier nu* réaliste, il scelle la rencontre de Courbet avec Alfred Bruyas* qui, conscient de l'importance de l'œuvre, l'achète, malgré sa *laideur**, pour l'amour de l'art. En s'autorisant à voir une femme ordinaire et à la montrer telle quelle, avec sa croupe de « percheronne », selon le mot de l'impératrice, le peintre a donné naissance à la femme moderne ; celle qui, sous les traits de Victorine Meurent, le modèle de Manet, allait une décennie plus tard regarder le spectateur droit dans les yeux, dans *Le Déjeuner sur l'herbe* et *Olympia.*
Personnification de la bourgeoisie opulente, selon Proudhon*, ou parodie de thèmes religieux comme l'Annonciation ou le *Noli me tangere*, pour Werner Hofmann, *Les Baigneuses* précisent le désir transgressif de Courbet, dont le but est de renverser l'art académique* pour

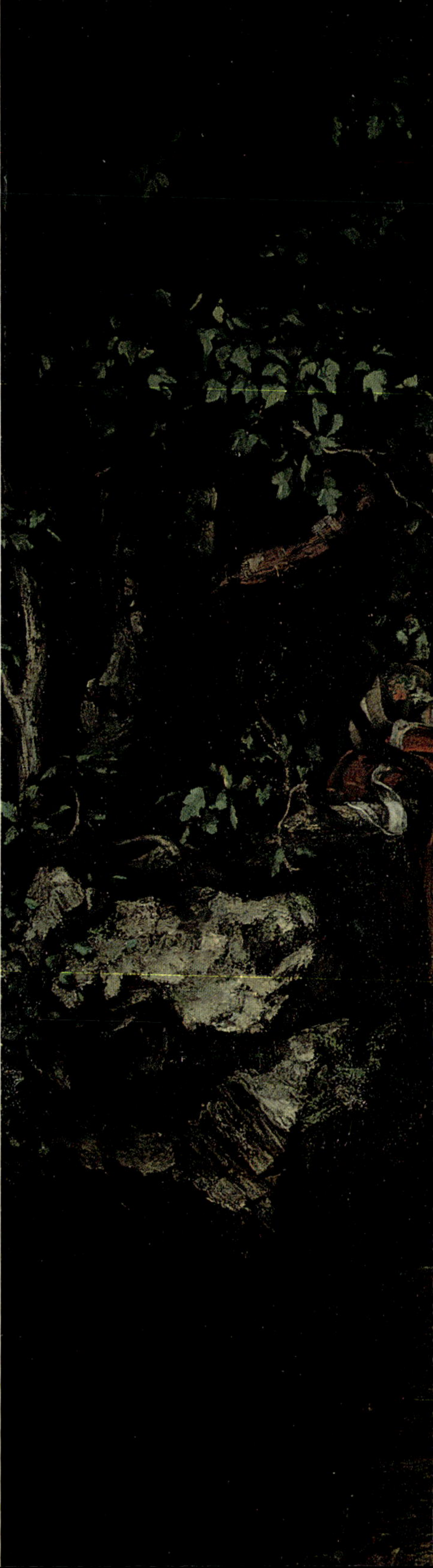

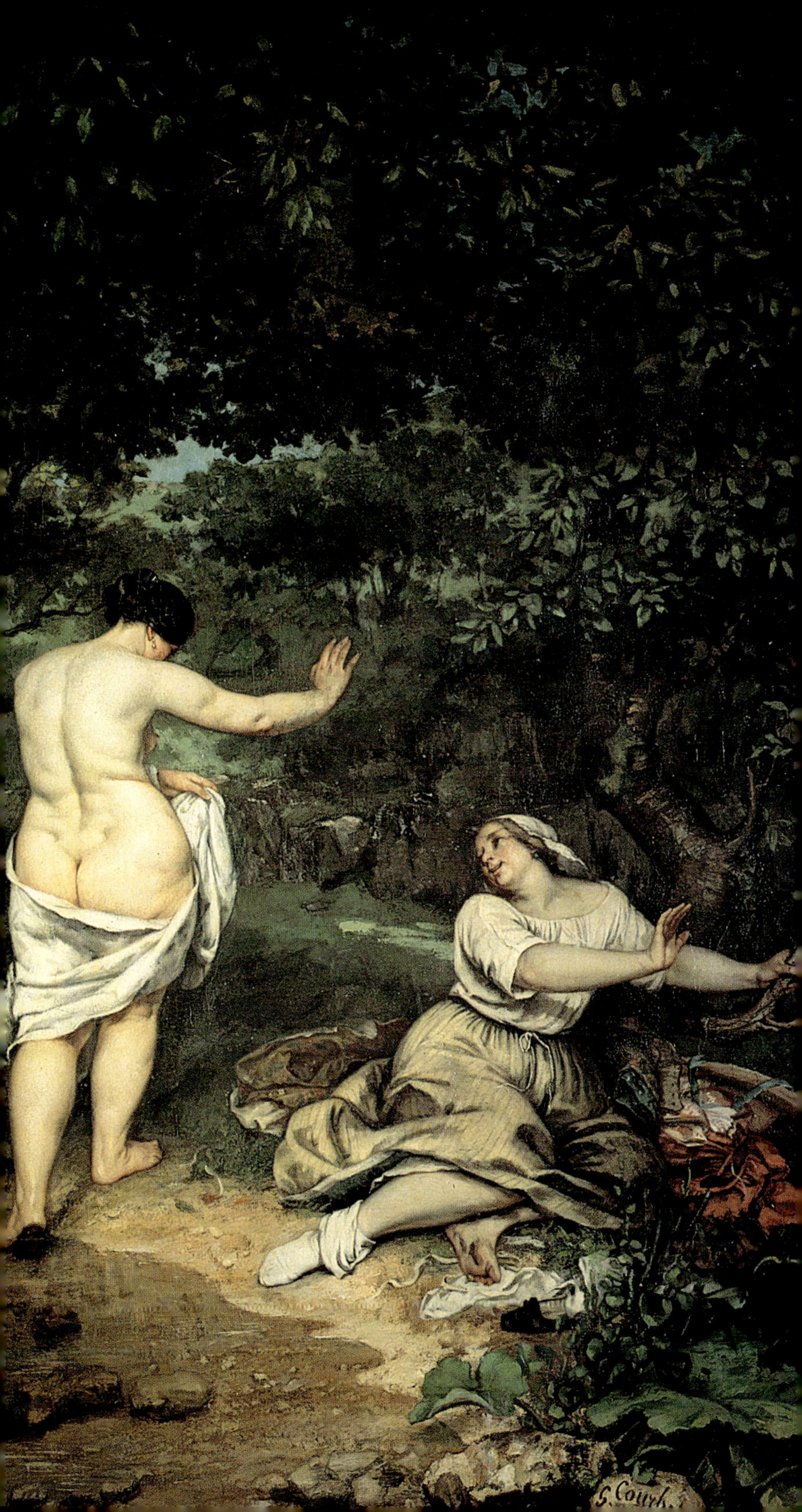

Page précédente : *Les Baigneuses*, 1853. H/t 227 × 193. Montpellier, musée Fabre.

Portrait de Baudelaire, v. 1847. H/t 53 × 61. Montpellier, musée Fabre

construire la nouvelle peinture. Allégorie de la peinture réaliste*, débarrassée de tous les artifices qui ont fait du nu*, au XIXe siècle, le lieu de tous les combats picturaux, la *Baigneuse* a ouvert la voie à l'impressionnisme* qui a trouvé en elle une nouvelle façon de montrer le nu dans le paysage*. Cette académie, exposée à côté des *Lutteurs**, son pendant masculin, était porteuse de messages, malgré une gestuelle indécodable. Femme qui marche en s'éloignant du spectateur, offrant de façon provocante son dos aux regards, ce n'est pas une femme-objet, et l'on ne doute pas, en la voyant, qu'elle conduise sa vie et son corps à sa guise, quelques années avant *Les Demoiselles* des bords de la Seine.* MH

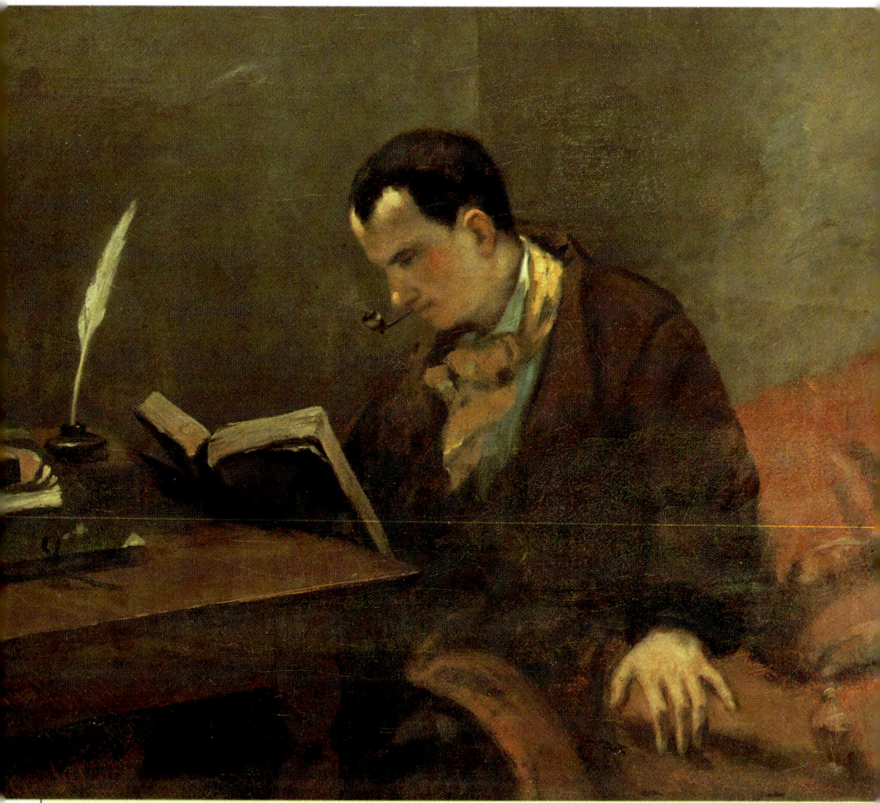

BAUDELAIRE ET COURBET
L'amour absolu de la peinture

Dans *L'Atelier**, Baudelaire se trouve à l'extrême droite de la toile, du côté des amis du monde de l'art ; le peintre a repris, pour son tableau-rétrospective, le portrait* du poète qu'il avait probablement peint en 1847 (Montpellier). Une amitié insolite rapproche alors les deux hommes. Baudelaire rédige les notices des œuvres que Courbet envoie au Salon de 1849, écrit à sa place une lettre officielle ; il séjourne chez lui et lui demande de noter ses réactions à la

Bonvin (François)
Selon Francis Wey*, c'est le peintre François Bonvin (1817-1887), qui aurait fait découvrir les chefs-d'œuvre du Louvre à Courbet, l'incitant notamment à copier les tableaux de Rembrandt (voir Hollande). Les deux hommes s'étaient rencontrés à l'atelier libre du père Lapin (voir Autodidacte) où Courbet allait peindre « le morceau » d'après nature.
Plus tard ils fréquentèrent les mêmes cafés, se retrouvant avec le cercle réaliste* à la brasserie Andler (voir Mère Grégoire).
Bonvin était de modeste extraction, homme d'esprit et artiste sérieux, peignant de petites scènes de genre réalistes, dans la lignée de Chardin et des nordiques. En 1849 Champfleury* considéra *La Femme qui taille la soupe* (Mulhouse) comme un tableau « historique », véritable témoignage de la vie paysanne.
Les relations de Courbet avec les autres peintres sont mal connues. À l'exception de certains, comme Chenavard, qu'il appréciait surtout pour sa pensée, il semble les avoir traités avec amitié certes, mais avec une certaine conscience de sa supériorité. Il n'a jamais parlé lui-même du rôle joué par Bonvin dans sa formation. MH

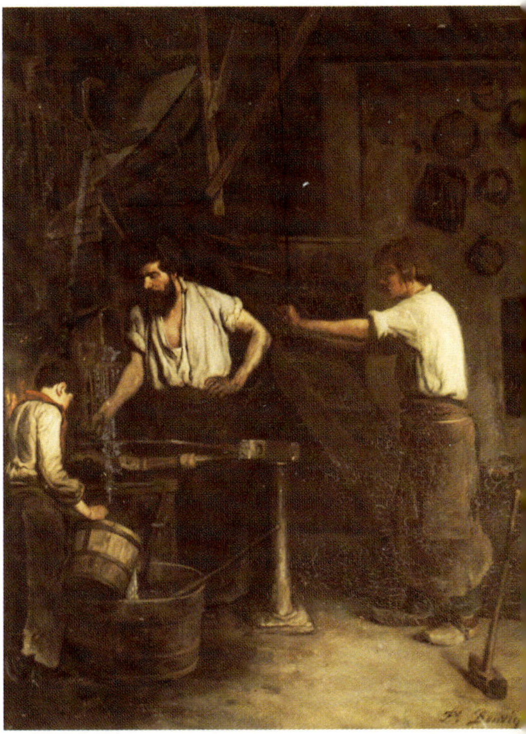

François Bonvin, *Les Forgerons. Souvenir du Tréport*, 1857. H/t 93 × 74. Toulouse, musée des Augustins.

« Nous aimons beaucoup le talent sobre et naïf de M. Bonvin, qui s'est fait le Chardin de la classe pauvre et se plaît à ces humbles sujets de la vie populaire, méprisés par l'art français. »

Théophile Gautier, 1852.

drogue au cours de son sommeil. Les deux artistes fréquentent les mêmes cercles et collaborent aux mêmes revues, *Le Corsaire Satan* et *Le Salut public*, dans la fièvre de 1848.
Mais Baudelaire ne croit pas au réalisme* qu'il juge contraire au jeu de l'imagination. Comme il l'écrit dans son projet d'article « Puisque Réalisme il y a », « la Poésie est ce qu'il y a de plus réel, c'est ce qui n'est complètement vrai que dans *un autre monde* », tandis que le monde réel ne doit être qu'une sorte de dictionnaire dans lequel l'artiste puise seulement sa matière. Tout en créditant son ami d'avoir « contribué à rétablir le goût de la simplicité et de la franchise, et l'amour désintéressé, absolu, de la peinture » (voir Art social, Naïveté), il s'est peu à peu séparé de lui. Courbet vendit son portrait en 1858 à son éditeur, Poulet-Malassis, qui le céda à son tour, en 1874, à Bruyas*. MH

BORD DE LA MER À PALAVAS

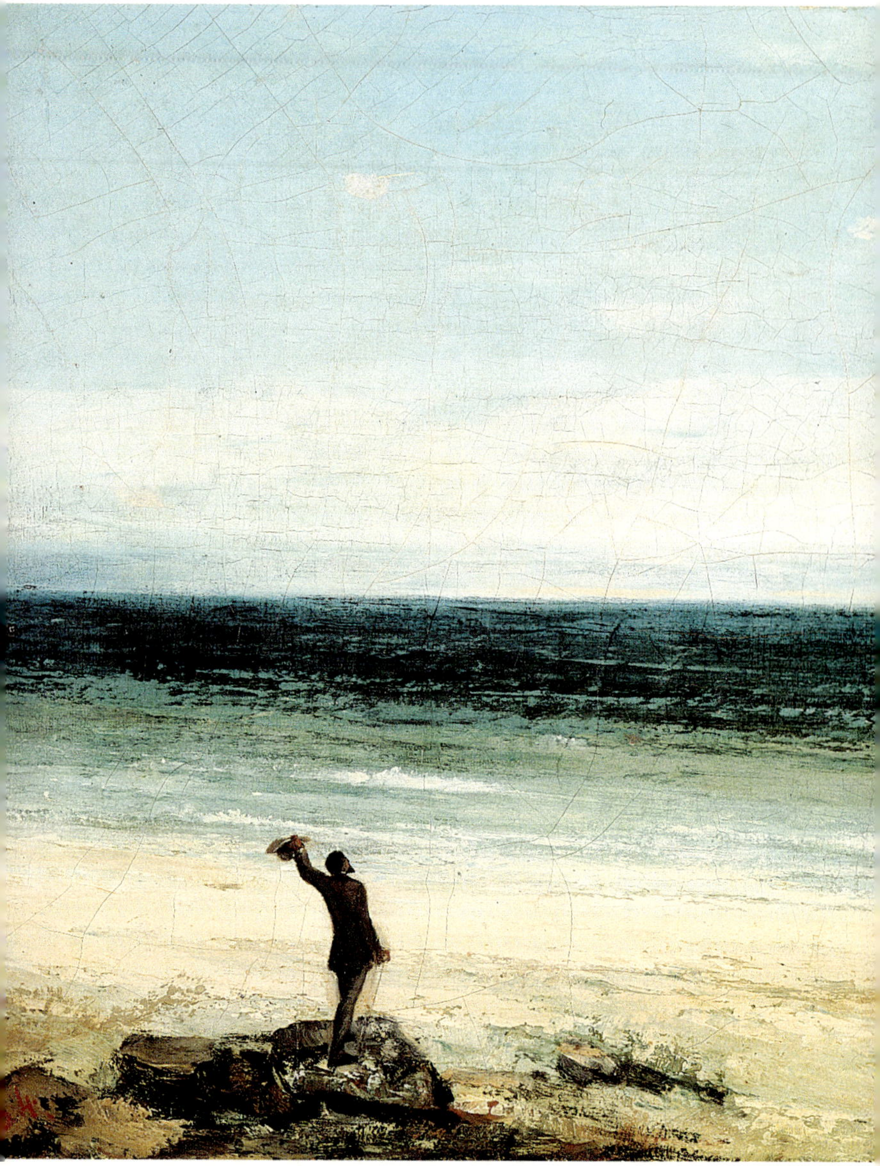

Le *Bord de la mer à Palavas* marque la rencontre de Courbet avec la Méditerranée. Il avait déjà vu la mer quelques années auparavant, lors d'un voyage en Normandie*, en 1841. Mais c'est une découverte lumineuse et une période particulièrement heureuse que ce premier séjour du peintre dans le Midi, chez son mécène* Alfred Bruyas*. Sa peinture s'éclaircit, il s'enthousiasme pour la mer, et peint à plusieurs reprises ce coin de côte, comme pour faire ses gammes de peintre de marines. Les petites toiles peintes à Palavas en 1854 et en 1857

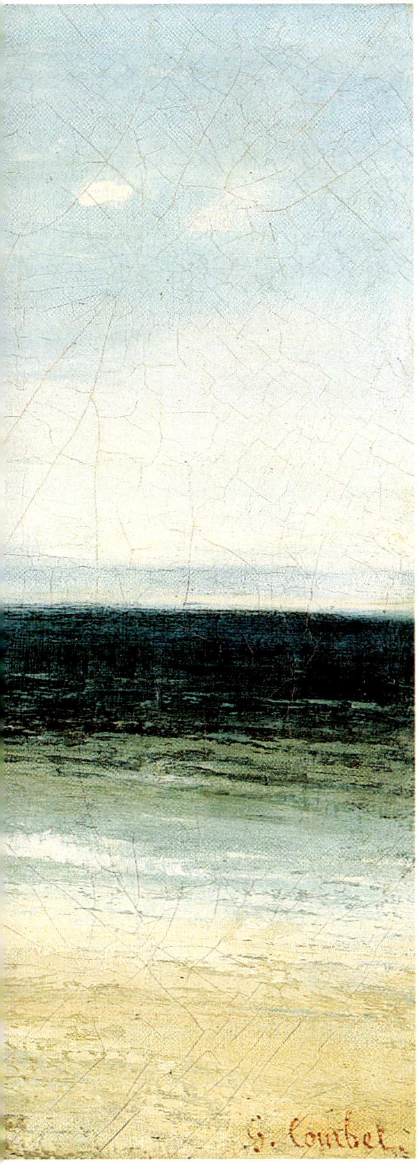

Le Bord de la mer à Palavas

1854. H/t 27 × 46
Montpellier, musée Fabre.

au cours d'un second séjour chez Bruyas, permettent de suivre la réflexion de Courbet sur le découpage de sa toile entre le ciel et l'eau. Coupée presque exactement en deux dans le tableau de Montpellier, qu'il appelait « la petite mer », elle se partage différemment dans les autres marines peintes à Palavas, dans un crescendo qui voit d'abord s'amplifier l'importance de la surface de l'eau, puis celle du ciel. Courbet peint la mer et les vagues au couteau, pour capter toutes les nuances de la lumière sur la matière de l'eau. On lui reprochera d'ailleurs la densité de la matière de ses marines (voir Technique).

Le personnage du *Bord de la mer à Palavas* est sans doute le peintre lui-même, comme l'indiquait la notice du catalogue de la collection Bruyas en 1876. Cette petite silhouette qui salue, dans un état d'exaltation toute romantique*, l'immensité offerte à ses pieds, exprime à la fois l'amour du peintre pour la nature*, sa communion avec elle, et son désir de la maîtriser par le moyen de l'art. Cette petite œuvre est un jalon important qui mène droit à l'impressionnisme* et même plus loin car Whistler, le peintre américain qui fut un temps l'ami et l'élève de Courbet, l'a pastiché dans une toile fluide, *Mer et pluie* (1865, Université de Michigan).

Par la suite, Courbet a peint bien d'autres marines, en Normandie notamment, avec Boudin et Monet, privilégiant alors l'intensité des ciels comme dans *La Trombe* (1865, Philadelphie), ou la *Mer calme* de 1869. C'est cette même année 1869 que le peintre donne les plus abouties, les célèbres *Vagues** et *La Falaise* d'Étretat, après l'orage*. MH

BRUYAS : LE MÉCÈNE ENCOMBRANT
Bonjour ! Monsieur Courbet

Issu de la bourgeoisie protestante et saint-simonienne de Montpellier, Alfred Bruyas (1821-1877) fut un dandy maladif, voué à sa passion pour l'art, et à son rêve de constituer une galerie moderne. S'offrant d'abord comme modèle aux peintres de sa région, Cabanel et Glaize, il se rend à Paris en 1850, où il s'adresse à Couture, Tassaert et Delacroix, jetant ainsi les bases de sa future collection. En 1853, pris au jeu de la modernité*, il brave la colère de son père, son bailleur de fonds, et acquiert *Les Baigneuses** de Courbet, scellant ainsi une relation (voir Rencontre*) qui ne cessera qu'à la mort des deux hommes, la même année.

Le peintre l'a représenté dans *L'Atelier**. Leur correspondance* est importante, gardant la trace de la recherche d'une « solution » commune qui leur permît d'atteindre leurs objectifs : vivre de sa peinture en toute indépendance grâce au mécénat* du collectionneur, pour Courbet, stimuler l'art du peintre afin d'alimenter sa galerie, pour Bruyas. Le mécène légua l'ensemble de sa collection au musée Fabre de Montpellier en 1876. MH

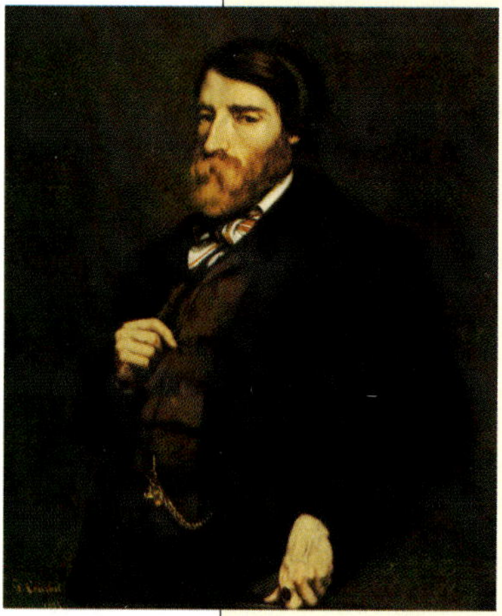

Portrait d'Alfred Bruyas, 1853. H/t 91 × 72. Montpellier, musée Fabre.

Buchon (Max)

Max Buchon (1818-1869) avait suivi avec Courbet les cours du petit séminaire d'Ornans, dès l'âge de huit ans. En 1839 Courbet illustra de quatre vignettes lithographiées le premier recueil de poésies de son ami. Puis Max Buchon fonda *Le Démocrate Salinois*, un journal socialiste et provocateur, et dut s'enfuir en Suisse après le coup d'État du 2 décembre 1851 (voir Politique).

Il avait découvert les théories de Fourier et celles de Considérant – originaire comme lui de Salins –, et il rêvait de vivre dans un phalanstère. Si sur le plan littéraire son œuvre reste mineure, il a contribué à faire connaître, par ses traductions, les œuvres d'auteurs populaires allemands, Hebbel, Auerbach et Gotthelf, réalistes bien avant George Sand*.

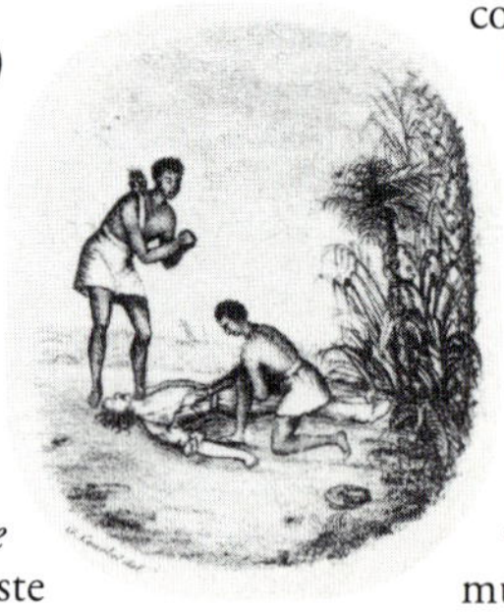

Lithographie pour les *Essais poétiques* de Max Buchon, 1839.

Page de droite : *Les Casseurs de pierre*, 1849. H/t 190 × 300. Œuvre disparue.

Son *Recueil de discussions esthétiques* manque de rigueur, mais permet de mieux cerner le réalisme*, tout en démontrant sa communauté de vues avec Courbet. Leurs œuvres d'ailleurs traitent des mêmes sujets. Courbet a fait plusieurs portraits de Buchon, l'intégrant notamment à *Un* enterrement à Ornans* et à *L'Atelier**. MH

Casseurs de pierre (Les)

Les Casseurs de pierre entrèrent dans l'art « à la manière des émeutiers », écrivait Camille

Lemonnier. Cet emblème du travail* aussi dur qu'absurde, installe Courbet dans sa réputation de protestataire.
Courbet a raconté à Wey* comment, de sa voiture, il avait aperçu deux hommes cassant des cailloux sur la route, « l'expression la plus complète de la misère » à ses yeux. Proudhon* affirmait que des paysans voulaient mettre le tableau sur le maître-autel de leur église.
Comment imaginer cette œuvre probablement détruite en 1945 pendant le bombardement de Dresde ? Il nous reste le témoignage photographique et une esquisse conservée en Suisse. Courbet accuse la solidité des deux silhouettes qui se découpent brutalement sur le coteau et sur la route, où est disposé avec soin un ensemble d'outils et d'accessoires variés. Corps sans visage, l'un cambré, l'autre courbé, ils symbolisent dans leur dessin massif et leurs anatomies simplifiées le caractère répétitif d'une activité aliénante.

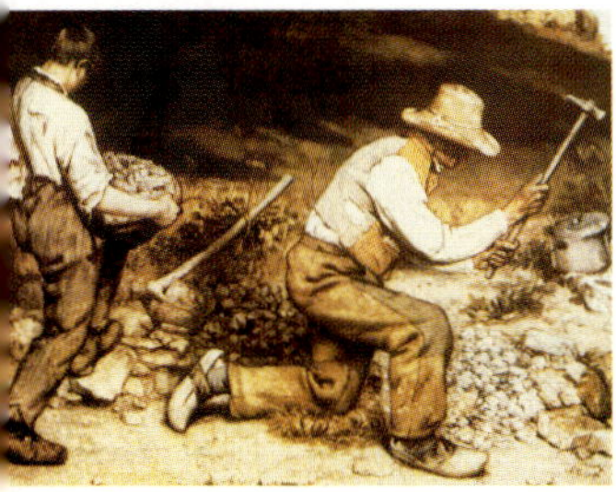

Le réalisme* de Courbet est à son comble ici, dans l'observation précise des vêtements de travail des deux ouvriers, chaussette trouée et bretelle de cuir du jeune homme, mains calleuses et sabots du vieillard. MH et SG

Castagnary (Jules Antoine). Voir Réception

CHAMPFLEURY
Écrivain et critique

Dès 1843, Jules François Félix Husson, dit Champfleury (1821-1889), « musicien du sentiment » – la raillerie est de Baudelaire –, publie nouvelles et courts romans* qui se veulent descriptions sans fard de la bohème artistique (*Chien-Caillou*, 1847), des mœurs provinciales ou pastorales (*Les Oies de Noël*, 1853). Mais si réalisme* il y a dans ces pages au style incertain, il leur manque l'âpreté de Courbet et la lucidité analytique de Balzac pour échapper complètement à la fantaisie hoffmanienne et à l'idylle agreste.
Romancier tiède et républicain modéré (en 1848 il prêche non la réforme mais la solidarité) [voir Politique], il est plus tranchant dans sa critique d'art. Entre 1846 et 1851 il commente le Salon sous l'influence de Baudelaire et de Gautier. Il préfère à Vernet et Scheffer Delacroix, Ingres et le protoréalisme* de Leleux, rejette toute œuvre où l'intention (philosophique, idéologique, etc.) prime l'expression picturale. Nulle exhortation aux grands sujets nationaux et édifiants : il ne souhaite qu'un art sans chic ni poncifs, naïf* et non porteur de critique sociale. C'est ainsi qu'il veut comprendre Courbet, qu'il fréquente à partir de 1848.
Un an plus tard *Une* après-dînée à Ornans* est jugée digne des grands maîtres nordiques. Quant à ses paysages* francs de toute afféterie, « ils ont la qualité suprême de l'horreur de la composition ». Courbet serait ainsi le successeur des Le Nain (dont Champfleury renouvelle l'étude en 1849), l'admirateur des imagiers populaires (le critique en sera aussi l'historien) et l'incarnation d'une sorte de bon sens campagnard.
En 1851 il s'acharne à disculper le peintre de toute attache socialiste, prétendant qu'il n'a montré dans *Un* enterrement à Ornans* que « le bourgeois moderne, en pied, avec ses ridicules, ses laideurs* et ses beautés ». Au mieux l'égoïsme des notables (villageois s'entend) y serait opposé à la « santé robuste » de « l'homme du peuple », qu'incarne le fossoyeur. Dépolitisant Courbet, Champfleury l'affadit. Le malentendu n'a que trop duré. SG

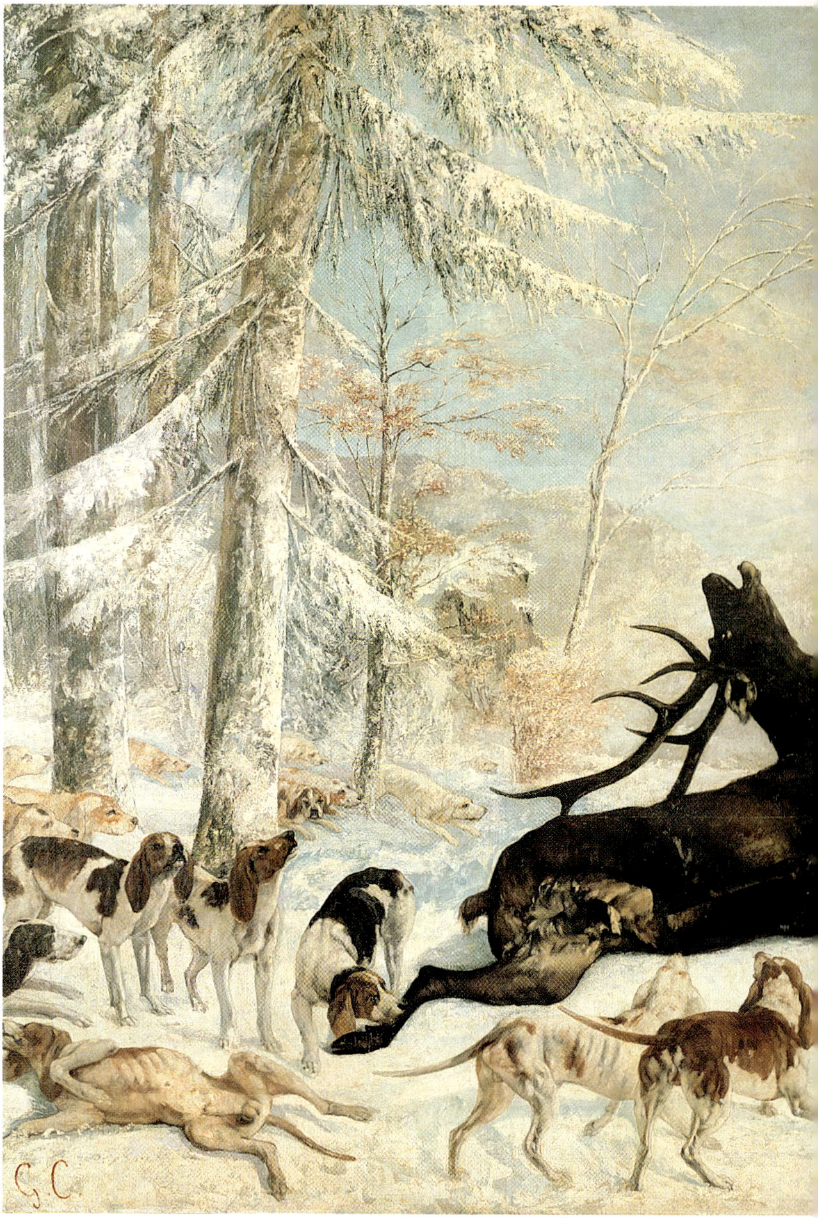

Chasse (Scènes de)

Courbet s'est intéressé, par séries, à tous les genres picturaux (voir Hiérarchie), se fondant, toujours, sur une réalité vécue. Ses scènes de chasse sont nourries de son expérience en Franche-Comté* ou en Allemagne*. La première, *La Curée* exposée en 1857, est d'ailleurs un autoportrait*. Composition réussie, constituée visiblement de l'assemblage de plusieurs morceaux, cette toile obtint d'emblée un franc succès, et fut la première œuvre du peintre à franchir l'Atlantique, achetée par un club de Boston. Bien d'autres scènes suivirent, dans des paysages* d'hiver souvent,

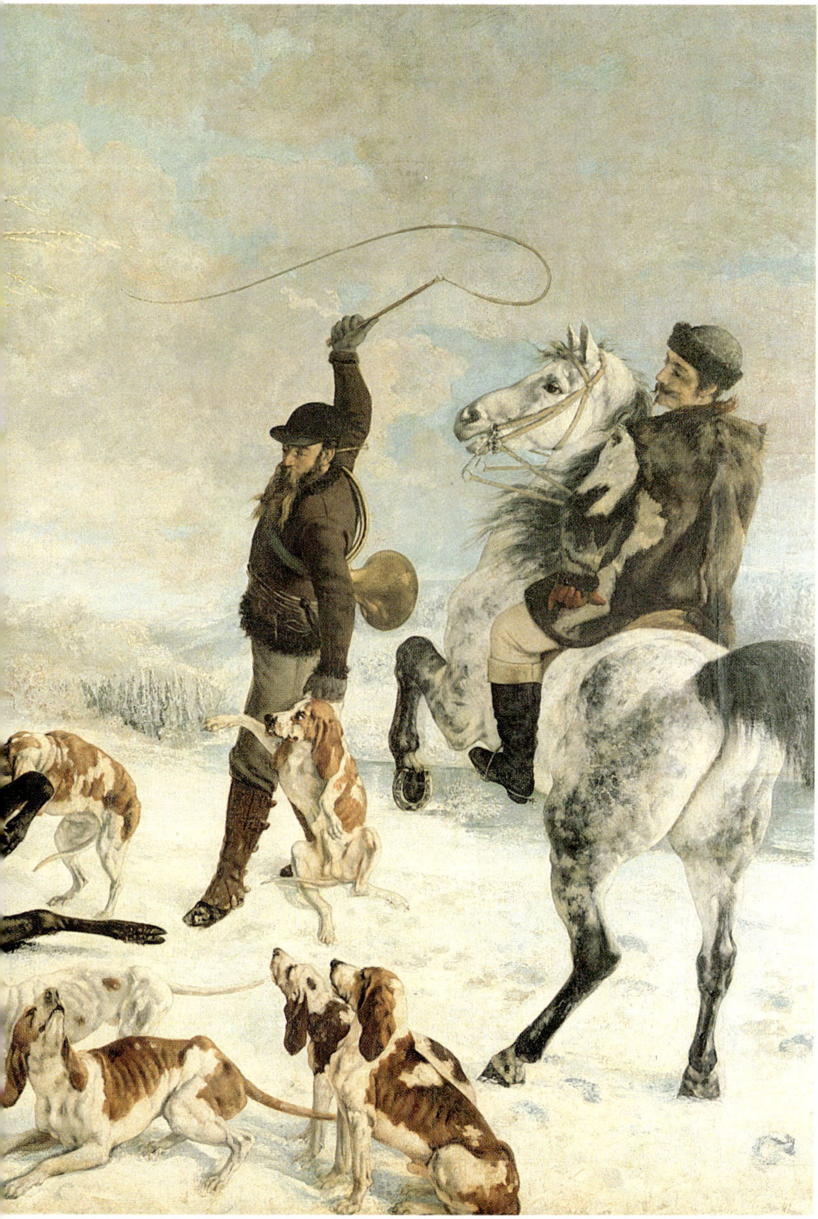

L'Hallali du cerf, 1867.
H/t 355 × 505.
Besançon, musée des Beaux-Arts.

ce qui permettait à l'artiste d'opposer avec virtuosité le pelage des animaux morts au poudroiement de la neige.
C'est lors d'une chasse à courre à Francfort en 1859 qu'il tua le cerf qui lui servit de modèle pour *Le Rut* du printemps*, vaste toile qui à son tour lui gagna la faveur du public, de même que la *Remise de chevreuils* de 1866 (ill. p. 20) et *Le Chevreuil chassé aux écoutes, printemps*, de 1867, tous deux conservés à Orsay. Courbet peignait avec plaisir ces toiles qui lui valaient l'admiration des critiques et les commandes des acheteurs, ne refusant pas d'en réaliser de nombreuses répli-

ques. Mais il ne se contentait pas d'exploiter un thème à succès. Il poursuivait, à travers ses scènes de chasse, les vestiges de l'épopée ancestrale de l'homme à la conquête de la nature, s'apitoyant plus d'une fois sur le sort de l'animal vaincu et traqué à mort*. Dans l'ambitieux *Hallali du cerf* de Besançon (1867) pourtant, il offre surtout la mise en scène d'un beau spectacle. MH

Chêne de Flagey (Le)

Le Chêne de Flagey « appelé chêne de Vercingétorix, Camp de César près d'Alésia, Franche-Comté, 1864 », est un bon exemple de la démarche de Courbet lorsqu'il élaborait un tableau. Il y a d'abord le motif, un chêne splendide dont le peintre réalise le portrait, le plus beau parmi les nombreux arbres qu'il a représentés. Sorte d'hymne réaliste à la nature d'un peintre proche des paysagistes de Barbizon, c'est aussi un exercice de virtuosité dans lequel la brosse et le couteau de Courbet (voir Technique) nous offrent l'alliance de l'air, de la lumière, de la terre et du monde végétal et animal (le chien et le lièvre).

La composition de ce paysage* est remarquable car l'arbre remplit tout le cadre, le tronc posé au milieu déployant ses branches et son feuillage sur le ciel, que l'on n'aperçoit qu'au loin, par-dessous. La bande de terre où s'enracine le chêne occupe un tiers du tableau, et l'ampleur de l'arbre lui confère une sorte de paisible fierté, qui traduit l'amour de Courbet pour son pays.

Mais il y a aussi la « signification » (Nochlin) de cet arbre, image traditionnelle de l'énergie et de la puissance liée aux cultes druidiques, qui évoque les arbres de la liberté plantés à la Révolution et renvoie à la polémique sur le site d'Alésia, tout en concentrant tous les thèmes du réalisme*. MH

Le Chêne de Flagey appelé chêne de Vercingétorix,
1864.
H/t 90 × 111,7.
Tokyo, Murauchi Art Museum.

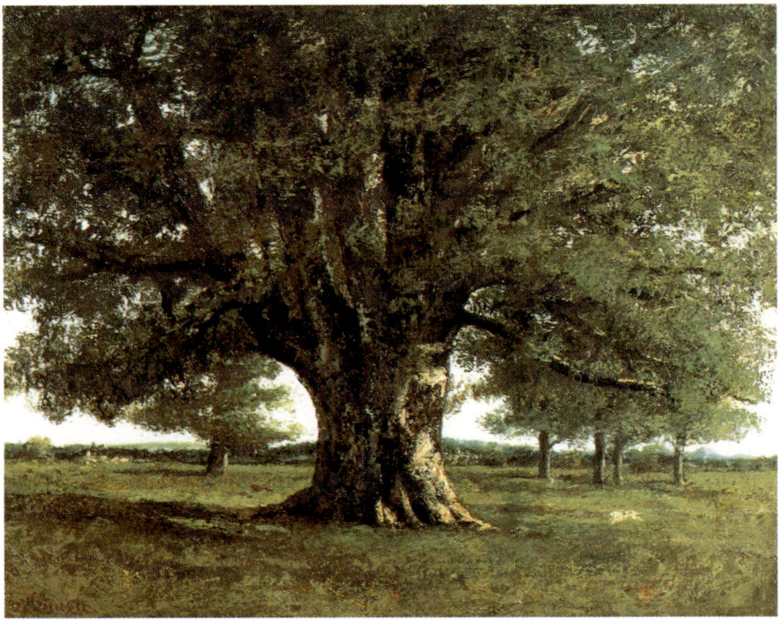

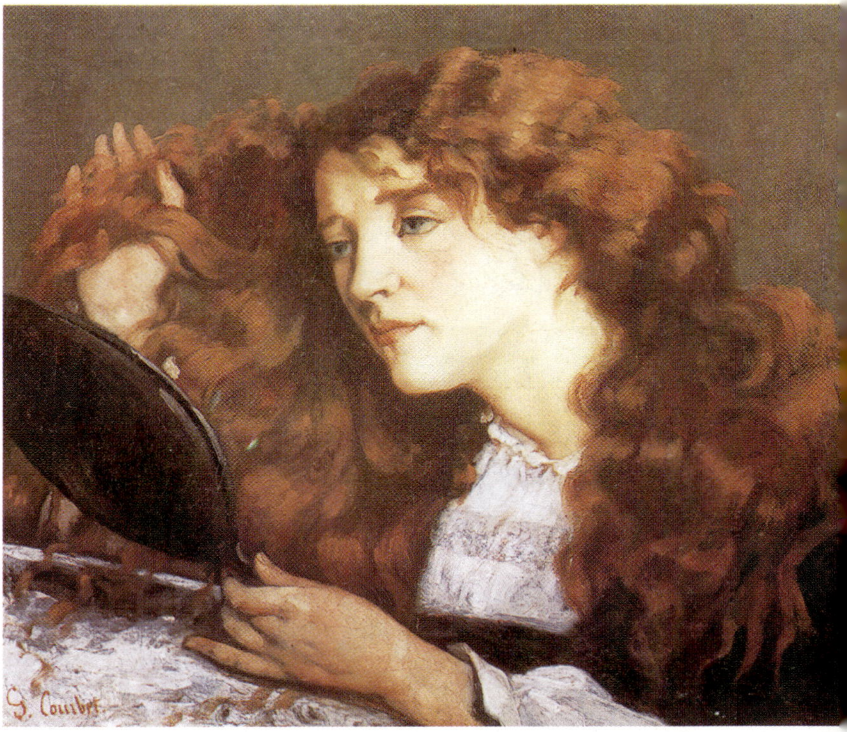

Portrait de Jo, la belle Irlandaise, v. 1865. H/t 54 × 64. Zurich, collection Rolf et Margit Weinberg.

Chevelure

La plupart des femmes* peintes par Courbet sont des bourgeoises sagement coiffées d'un chignon. Dans quelques cas seulement le peintre a succombé au charme d'une chevelure dénouée, qu'il détaille amoureusement. Cheveux noirs sauvages et exotiques d'une *Dame espagnole* (1855), ou bien chevelures libres des jeunes filles rencontrées ou aperçues comme les *Trois Anglaises à la fenêtre* (Copenhague, ill. p. 84), *La Fille aux mouettes, Trouville* (New York, coll. part.) ou *La Dame au podoscaphe* (coll. part., ill. p. 80), œuvres de l'été 1865 en Normandie*. Ce motif semble d'ailleurs obséder Courbet en 1865-1866, comme s'il était sous l'influence de son beau modèle Jo l'Irlandaise que lui a prêté Whistler*, et dont il fit à quatre reprises le portrait* devant son miroir, avec sa magnifique crinière rousse dénouée. On songe au vers de Baudelaire*, « Ô toison, moutonnant jusque sur l'encolure ! »
La chevelure enfin, épandue sur le drap clair de *La Femme* au perroquet* (1866), confère à la femme nue couchée plus d'animalité que n'en a l'élégant oiseau posé sur son doigt. MH

Chillon (Château de).

Voir Paysages

Commune

La Commune apporta à Courbet tous les honneurs et toutes les déchéances. Élu président de la Commission des arts par les artistes réunis au lendemain de Sedan, il met, à la veille du siège de Paris, les trésors du Louvre à l'abri. Il fait partie de la Com-

Page suivante :
Portrait de l'artiste à Sainte-Pélagie, v. 1873-1874. H/t 92 × 72. Ornans, musée Gustave Courbet.

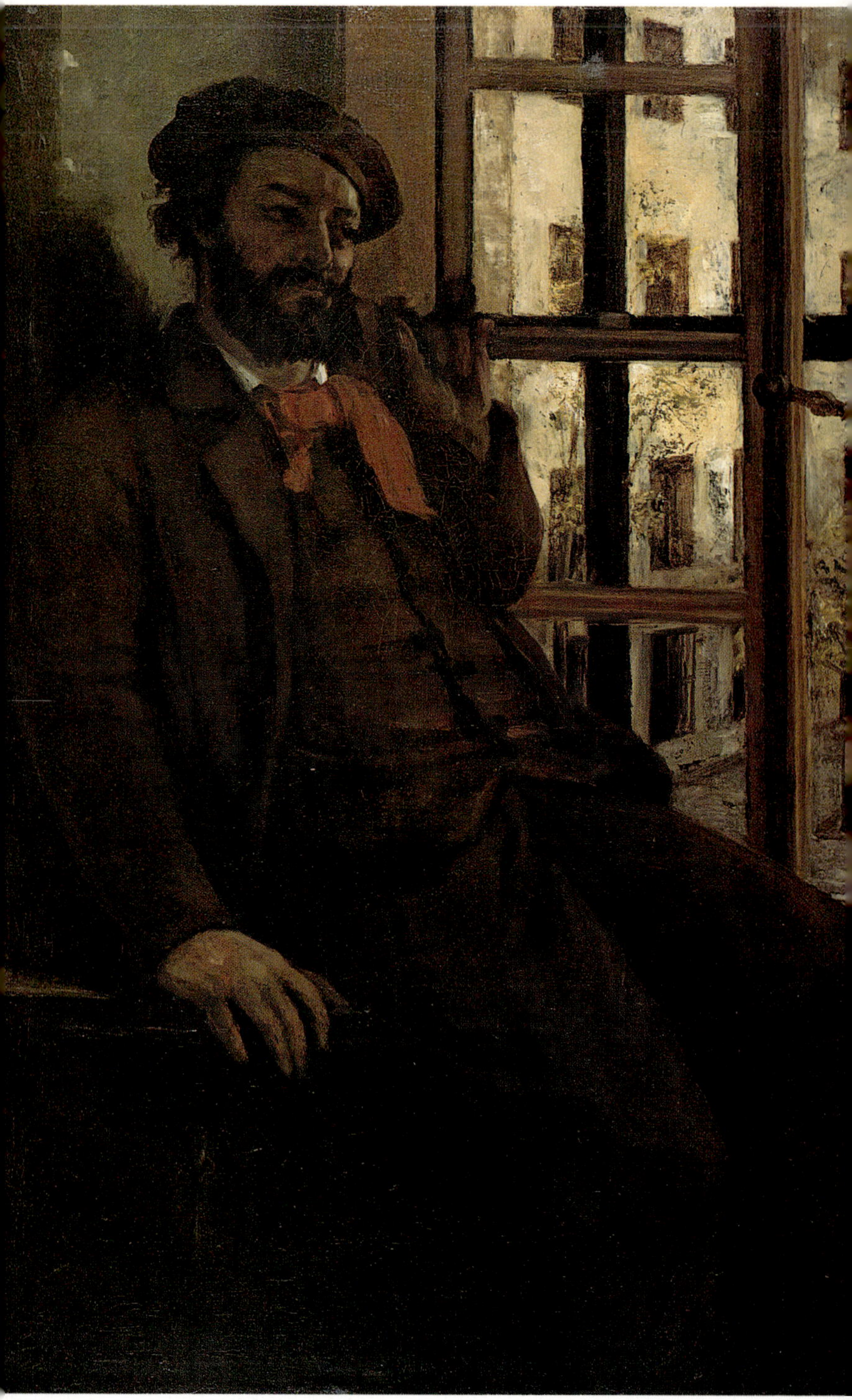

mission des archives qui enquête sur la gestion des musées ; est élu conseiller municipal du VIe arrondissement ; préside la Fédération des artistes qui travaille à la réouverture des musées et à la réorganisation des Beaux-Arts. Il s'occupe de la conservation des collections de Thiers.

Mais parallèlement se déroulait l'affaire de la colonne Vendôme. Ce monument à la gloire de Napoléon Ier suscitait des discussions depuis le 4 septembre. Le peintre avait proposé de « déboulonner » cette colonne guerrière, peu à sa place rue de la Paix, et d'en faire porter les éléments à l'hôtel de la Monnaie ou aux Invalides. Ces propos eurent peu d'effet car décret fut pris le 12 avril – le peintre ne siégeait pas encore à la Commune –, de démolir définitivement la colonne. Malgré son attitude pacifique, Courbet fut arrêté par les Versaillais et condamné à six mois de détention à la prison de Sainte-Pélagie. Il s'est représenté, pensif et amaigri, dans sa cellule de prison, devant une fenêtre fermée de barreaux.

Par la suite, le peintre devait être condamné à payer la reconstruction de la colonne (voir Argent). Dessaisi de ses biens il choisit l'exil* en 1874 et se réfugia en Suisse, à La Tour-de-Peilz. MH

CORRESPONDANCE ET MANIFESTES
« Ce qui a été a été » (1861)

Courbet a beaucoup écrit, entretenant avec sa famille, ses amis et ses relations une correspondance abondante (rassemblée en 1992 par Petra ten-Doesschate Chu), et publiant lettres et manifestes dans la presse ou à compte d'auteur. On est frappé, en lisant ses écrits, par le naturel de son style et par son sens de l'anecdote. Certaines de ses lettres sont irremplaçables pour comprendre la genèse d'*Un* enterrement à Ornans*, de *L'Atelier** ou des *Casseurs* de pierre*. Francis Wey* s'est inspiré – avec quelle lourdeur – de l'une d'elles, qui lui décrivait avec talent deux cantonniers vus sur le bord d'une route, dans son roman* *Le Bouquet de cerises*. On a dit que le peintre ne savait pas écrire. Pourtant, si l'on doit admettre qu'il a pu se faire aider, pour des lettres officielles, par de talentueux amis écrivains, Baudelaire*, Champfleury* ou Castagnary, sa correspondance privée porte témoignage d'un réel goût pour l'écriture. Le « manifeste du réalisme* »,

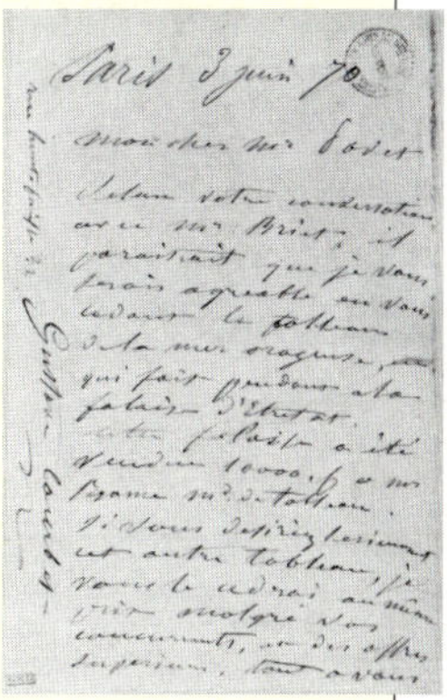
Paris 3 juin 70

qui figurait au début du catalogue de son exposition* particulière en 1855, traduit avec précision le sens de son travail (voir Art social). Quant aux lettres qu'il a adressées « À ses élèves » fin 1861 (voir Enseigner), ou « À l'armée allemande et aux artistes allemands* » fin 1870, ce sont d'authentiques professions de foi. MH

CRIBLEUSES DE BLÉ

Tableau-phare du musée de Nantes par son éclat et parce qu'il témoigne, dès 1861, de la politique d'achats courageuse de cette ville, *Les Cribleuses de blé* ont suscité, comme tous les grands tableaux de Courbet, toutes sortes de spéculations. Cette œuvre a-t-elle reçu l'influence de l'estampe japo-

Les Cribleuses de blé

1855. H/t 131 × 167
Nantes,
musée des Beaux-Arts.

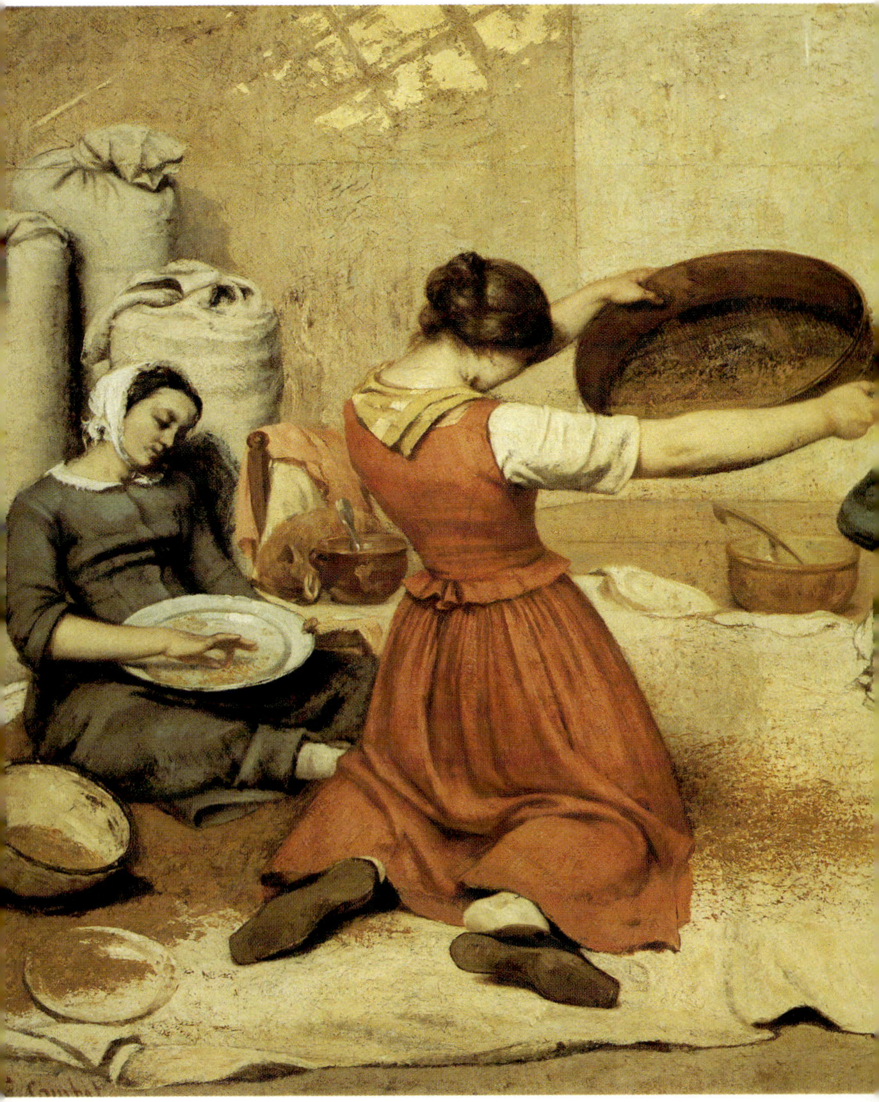

naise comme le pense Hélène Toussaint ? Ou bien celle des *Fileuses* de Vélasquez, qui montraient déjà des femmes* au travail*, selon la proposition de Linda Nochlin, qui intègre le tableau au sein d'un ensemble représentatif de la condition féminine dans la deuxième moitié du XIXe siècle ?

La figure centrale qui crible le blé s'impose en tout cas avec une énergie qui ne doit rien à personne. Elle crée avec la femme assise à l'arrière-plan, qui trie le grain avec nonchalance, une opposition actif/passif (Michael Fried), en laquelle on peut lire la transposition du schéma vital de l'inspiration/expiration, et la traduction du désir fondamental du peintre d'insuffler vie et énergie à ses personnages. C'est par le contraste entre ces deux corps, dont l'un, détendu, sert de faire-valoir à l'autre, vêtu de rouge, qui surgit violemment aux yeux du spectateur, que Courbet a réussi à communiquer tant de force à cette composition. Par l'affrontement aussi des couleurs, bleu, blanc, rouge sur fond de lumière, en une harmonie qui sera reprise peu après par Millet* dans ses *Glaneuses* de 1857 (Orsay).

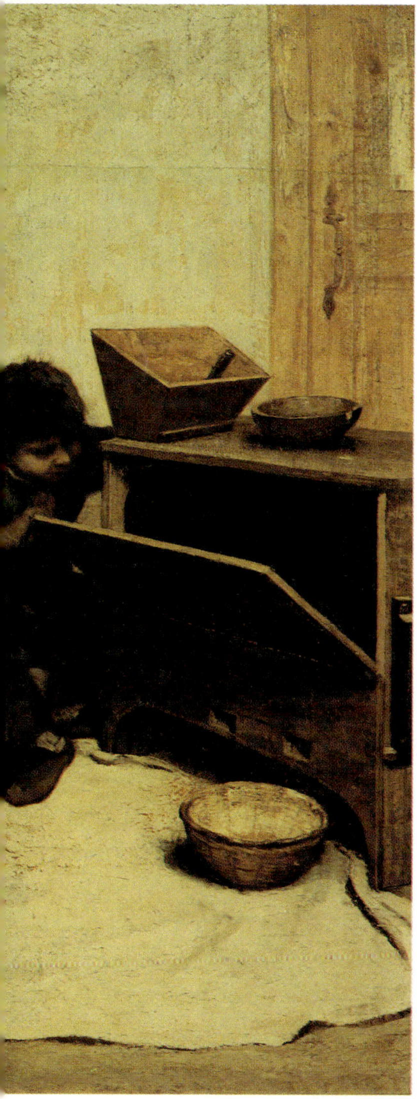

Les *Cribleuses* se trouvent au confluent de deux séries dans l'œuvre de Courbet : c'est d'une part le pendant des *Casseurs* de pierre*, montrant la face féminine du travail des campagnes tout en mettant l'accent sur une recherche d'expression du mouvement ; il prend place, d'autre part, entre *Les Demoiselles* de Village* de 1852 et *Les Demoiselles* des Bords de la Seine* de 1857, dans l'ensemble des « Femmes actuelles ».

Les deux cribleuses seraient deux des sœurs du peintre, Zoé au centre et Juliette au deuxième plan. Hélène Toussaint propose en outre de reconnaître le propre fils de Courbet, Désiré Binet, dans la figure du petit garçon, près du coffre. C'est une œuvre majeure, qu'il faut rapprocher de celles de Millet, et qui d'ailleurs complète le cycle que ce dernier a réalisé sur la moisson. MH

Cuénot (Urbain)

Courbet avait trois grands amis à Ornans, Adolphe Marlet, Alphonse Promayet et Urbain Cuénot. C'est avec ce dernier, en 1841, qu'il effectua une croisière sur la Seine à la découverte des richesses de la Normandie* ; c'est lui qui a posé pour le *Saint Nicolas* de 1847 ; et c'est chez lui qu'il situa la scène d' *Une* après-dînée à Ornans.* Urbain y est d'ailleurs représenté, de même qu'on le reconnaît dans *Un* enterrement à Ornans* et dans *L'Atelier**. Il existe par ailleurs deux portraits de lui.

Il avait hérité de ses parents une fortune suffisante pour vivre de ses rentes et menait une existence de dilettante. De convictions républicaines, il s'opposa au coup d'État de 1851 et fut emprisonné quelque temps. Comme Courbet il ne se maria pas. Il s'occupait des affaires du peintre en son absence et l'accompagnait à la chasse* lorsqu'il était de passage en Franche-Comté*. MH

Daumier (Honoré)

Né à Marseille en 1808, mort en 1879, Daumier fut considéré comme un génie, à l'égal de Delacroix, par les artistes et les critiques de la génération suivante, tels Champfleury* ou Baudelaire*. Sous la monarchie de Juillet, il s'était imposé au jour le jour, croquant férocement la vie politique dans trois publications, *La Caricature*, *Le Charivari*, et *L'Association mensuelle lithographique.*

Républicain engagé, il fut enfermé pour six mois à la prison de Sainte-Pélagie en 1832 à cause d'un dessin intitulé *Gargantua.* On l'a comparé à Goya, à Poussin même, pour sa célèbre planche *La Rue Transnonain* qui relatait, en 1834, comment les forces de l'ordre avaient massacré des innocents pour se venger d'une insurrection ouvrière. En 1848 il participa à un concours de l'École des beaux-arts pour la représentation de la République auquel Courbet ne prit pas part, préférant s'inscrire à un concours de musique*. C'est l'époque où Daumier s'adonnait de plus en plus à la peinture, captant de son style encore romantique l'essence de l'épopée moderne*, telle que l'avait définie Baudelaire* en 1845-1846.

Sous le Second* Empire, qu'il exécrait autant que Courbet, trop exposé à la censure il abandonna le dessin politique, et se consacra aux scènes de mœurs. MH

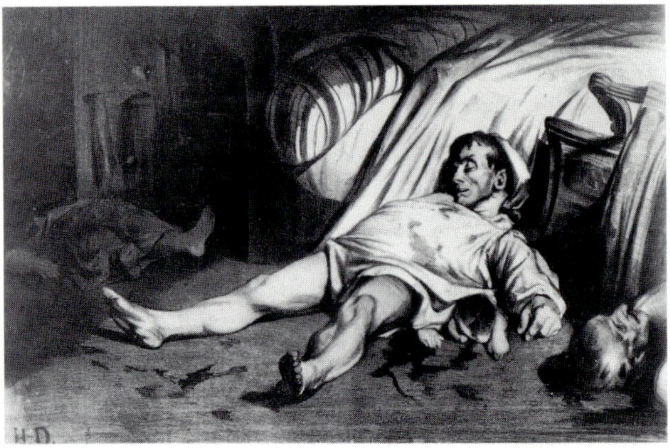

Honoré Daumier, *La Rue Transnonain*, 4 avril 1834. Lithographie. Paris, Bibliothèque nationale.

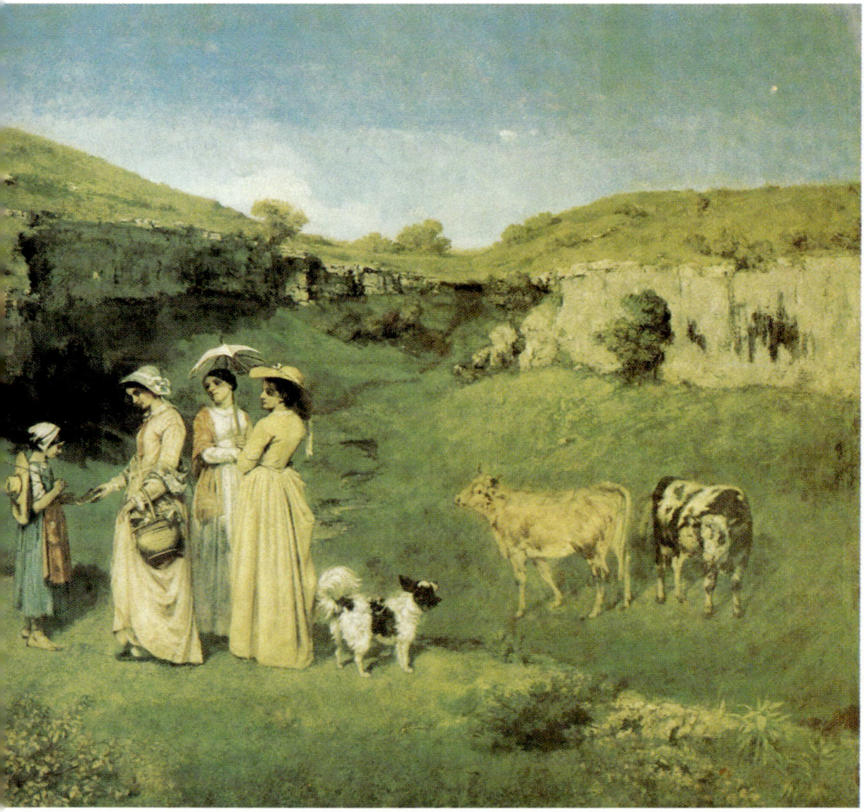

Demoiselles de village (Les)

Première œuvre de Courbet à entrer dans une collection privée, *Les Demoiselles de village* permet de se rendre compte des préjugés dont fut victime le peintre. Alors qu'il voulait séduire en faisant du « gracieux », espérant vendre ses prochains tableaux à l'État avec l'appui du comte de Morny*, le demi-frère de l'empereur qui avait acheté la toile avant l'ouverture du Salon de 1852, il se heurta à une incompréhension générale. On n'admettait pas le terme de « demoiselles » pour des campagnardes ; on critiquait l'allure des modèles, les sœurs de Courbet ; on trouvait les vaches trop petites par rapport aux figures. Quant à l'aspect édifiant de la scène d'aumône, il n'émut personne.

Ce vaste tableau, qui marque une étape déterminante vers l'impressionnisme*, par l'importance du paysage* et la fraîcheur de son coloris, fut reconnu comme un chef-d'œuvre quinze ans plus tard. Morny, peut-être conscient de sa beauté et de son importance, ne s'en défit jamais. MH

Les Demoiselles de village faisant l'aumône à une gardeuse de vaches dans un vallon d'Ornans, 1851. H/t 195 × 261. New York, The Metropolitan Museum of Art.

« J'ai dévoyé mes juges, je les mets sur un terrain nouveau ; j'ai fait du gracieux *; tout ce qu'ils ont pu dire jusqu'ici ne sert à rien. »*

Courbet à Champfleury, 1852.

DEMOISELLES DES BORDS DE LA SEINE

Encore un chef-d'œuvre dont nous ne percevons aujourd'hui que la splendeur picturale, – fraîcheur du paysage* évocateur des premiers émois du « plein-air » – et qui représentait, en son temps, l'image troublante des mœurs libres, sinon du vice. Proudhon*, moralisateur, y voyait « deux jeunes personnes à la mode sous le Second* Empire », décrivant la brune, virile et passionnée, comme une sorte de « vampire », et la blonde comme une ambitieuse qui ne recherche que l'argent. Courbet a particulièrement travaillé ce tableau – il existe plusieurs études des deux figures et de l'ensemble. On ne peut qu'admirer la virtuosité du peintre qui se plaît à détailler la lingerie de la jeune femme* brune du premier plan dans un frou-frou de dentelles et d'organza dont la blanche transparence est exaltée par l'ivoire d'un cachemire négligemment jeté sur elle. Selon Castagnary* « il faut voir les *Demoiselles de la Seine* par opposition aux *Demoiselles* de village*. Celles-ci sont vertueuses. Celles-là sont vouées au vice ». Courbet s'exprime souvent par des pendants. Peut-être l'accueil moqueur réservé par les Parisiens à ses *Demoiselles de village* lui a-t-il donné l'idée de se venger des Parisiennes du Second Empire en les montrant vautrées et défaites, tandis qu'un compagnon dont on voit le chapeau dans la barque, s'est éloigné, pour dénoncer, comme l'a suggéré Proudhon, la dissolution des mœurs de l'époque. Mais le tableau évoque surtout un texte célèbre de George Sand* qui avait suscité un tel scandale à sa publication que l'auteur l'avait

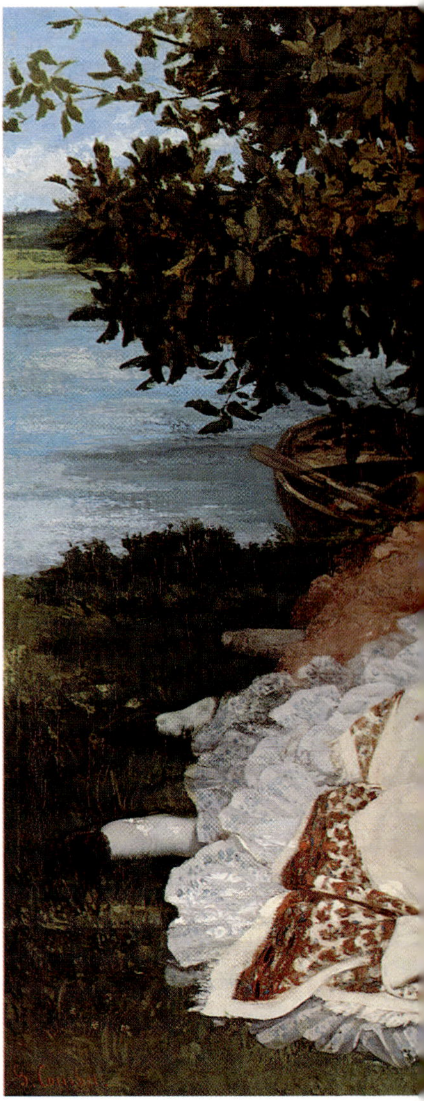

remanié en l'édulcorant. Il s'agit d'un extrait de *Lélia*, dans lequel deux sœurs évoquent leurs premiers émois sexuels dans une scène où le public du XIXe siècle crut reconnaître une allusion à une relation homosexuelle entre Sand et l'actrice Marie Dorval. Ceci

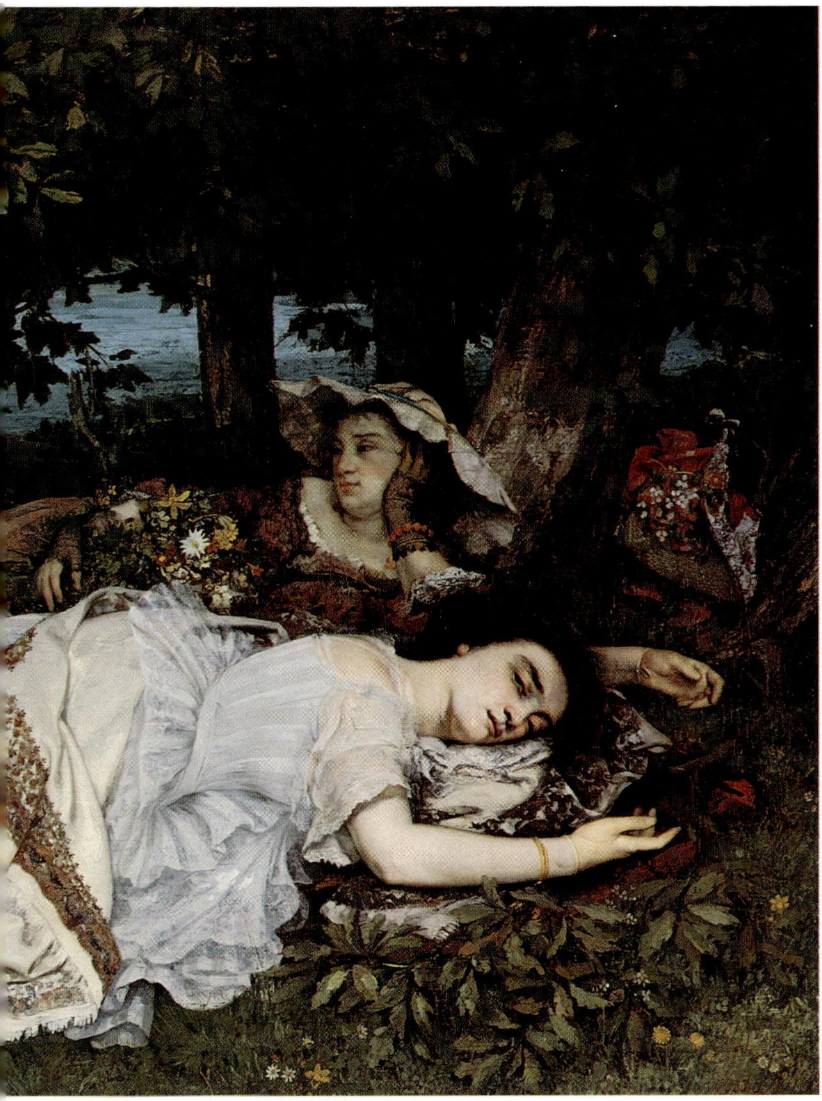

Les Demoiselles des bords de la Seine

1856-1857. H/t 174 × 206. Paris, Petit Palais.

éclaire un jeu de mots dans le titre, entre la Seine et une scène de théâtre. Une illustration (voir p. 104) du fils de l'auteur, Maurice Sand, pour ce passage, dans l'édition illustrée de 1854, a pu inspirer le tableau de Courbet. MH

Dessin

Lorsqu'il peignait, Courbet attaquait sa toile au pinceau, sans passer par le dessin (voir Technique). Il existe toutefois une étude pour *Un* enterrement à Ornans* qui montre sa première idée du tableau, de même que *Les Femmes dans les blés* (1855, Lyon) sont peut-être une étude pour *Les Demoiselles* des bords de la Seine.*

Il dessinait d'ailleurs beaucoup, au crayon noir et au fusain, parfois à la plume. Sans compter ses carnets de croquis qui témoignent de son apprentissage chez Flajoulot (voir Autodidacte), et qui nous renseignent sur ses voyages, il a réalisé quelques dessins d'après ses tableaux. D'autres sont des œuvres à part entière, surtout des portraits* que l'on a rapprochés de la manière de Holbein ou d'Ingres.

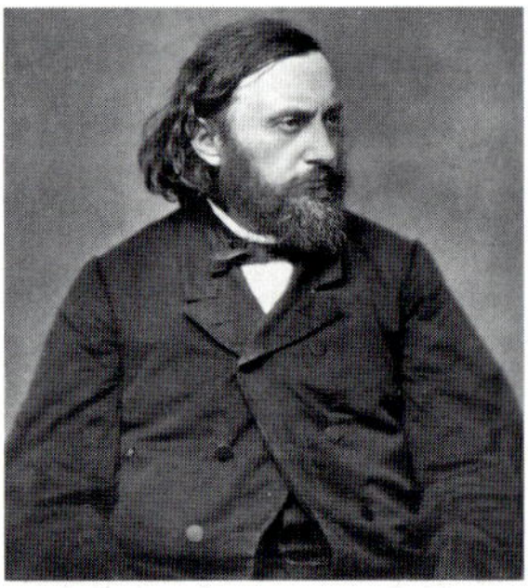

Pierre Dupont

Courbet eut en outre une activité d'illustrateur. Il avait orné à vingt ans un recueil de Max Buchon* de quatre vignettes lithographiées (ill. p. 44). Plus tard il fit *Le Bras noir* pour une affiche de théâtre, et diverses compositions pour des ouvrages d'amis, dont un portrait de Champfleury*, et une galerie de bourgeois pour son mécène* Étienne Baudry. MH

Dupont (Pierre)

Pierre Dupont (1821-1870) s'illustra particulièrement à la fin des années 1840 par des chants qui exaltaient le monde ouvrier et la nature. « Tous les malheurs et toutes les espérances de la Révolution firent écho dans la poésie de Pierre Dupont », écrivait Baudelaire* en 1851, dans sa notice pour un recueil en quatre volumes des *Chants et Chansons* du poète. *Le Chant des Ouvriers* était devenu un chant séditieux ; *Les Bœufs* connurent un succès immense. Au coup d'État, Dupont fut condamné à la déportation puis gracié.

Courbet a traité dans ses toiles les mêmes sujets que Dupont dans ses chansons. Les deux hommes se connaissaient bien

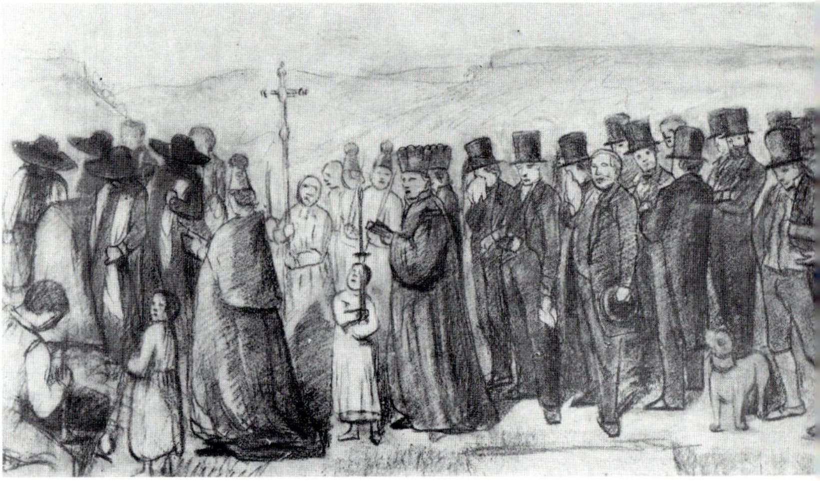

et Champfleury* reprocha même à Courbet de trop suivre le chansonnier dans ses virées nocturnes de bohème. Le portrait* de Dupont par Courbet (1868, Karlsruhe) est l'un des plus beaux du peintre ; on y perçoit, comme une fêlure, l'inquiétude d'un être trop sensible. Sur le plan pictural (voir Technique), on peut s'étonner du traitement de la chemise et du foulard lâchement noué : c'est du Cézanne ! MH

Duranty (Edmond)

Au commencement était Courbet. Pour Duranty (1833-1880) le Balzac de la peinture qu'il a fréquenté à la brasserie Andler (voir Mère Grégoire) dans les années 1850, est l'héritier des artistes de la Renaissance italienne qui avaient « exprimé les mœurs, les costumes et les décors de leur temps, rendu leur vie personnelle, enregistré leur époque ». Écrivant ceci dans sa brochure *La Nouvelle peinture* en 1876, il crédite le réalisme* d'une filiation glorieuse. Et d'un affermissement récent : outre Courbet, Ingres qui ne triche « jamais devant les formes modernes », Millet*, « cet Homère de la campagne moderne », Corot et Jongkind conduisent naturellement à Manet, Degas, Fantin-Latour, Whistler*, etc. (voir Impressionnisme).

Vingt ans auparavant, dans *Réalisme*, revue éphémère (novembre 1856-avril 1857), Duranty souhaitait déjà que la peinture reflétât « la vie générale » du pays. Cette publication de fortune n'avait pas toujours la dent dure. On y faisait l'éloge de Champfleury*, flatteusement présenté comme un nouveau Balzac, mais on démolissait Hugo, Musset et Gautier, fossiles d'un romantisme* coupé des réalités sociales qui à l'inverse fondaient l'art nouveau (voir Art social).

Cette peinture de la société, but commun du roman* et des arts visuels, a vocation utilitaire, elle montre le peuple au sens large et l'instruit, l'éclaire. Aussi Duranty (il a lu, dit-on, Proudhon*) dénonce-t-il dès juin 1857 l'apparent détachement sensible dans *Madame Bovary*, sans percevoir que la fausse indifférence flaubertienne* est l'instrument incisif du constat social.

Avec *Le Malheur d'Henriette Gérard*, il publie en 1860 son premier roman, qui sera suivi d'autres, salués plus tard par Zola. Une famille modeste explose, victime de l'égoïsme de ses membres. C'est du Balzac, sans style, du Stendhal, sans énergie. Reste le récit aux fréquentes fractures, qui ne cherche pas à tresser un lien arbitraire, romanesque entre les situations, les données psychologiques dont il se nourrit. Par là, et par là seulement, Duranty rejoint Courbet et sa poétique du fragment*. SG

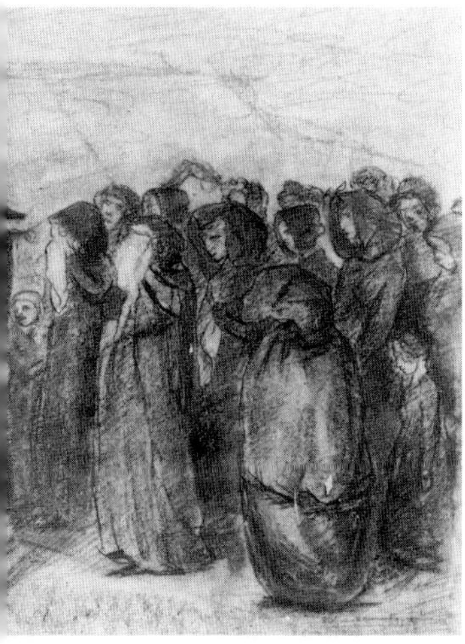

Un enterrement à Ornans, 1849. Fusain sur papier, 37 × 95. Besançon, musée des Beaux-Arts.

ENSEIGNER
« L'art est tout individuel »

Courbet professait qu'il n'avait jamais eu de maître, et qu'il ne pouvait être lui-même le maître de personne (voir Autodidacte). Seul un travail sans relâche à l'écoute de la nature* et au musée, dans la fréquentation des grands peintres du passé, était capable d'apporter au jeune artiste le savoir nécessaire.
Dans sa lutte pour promouvoir une peinture nouvelle, fondée sur le réalisme*, c'est-à-dire « la négation de l'idéal », et « l'émancipation de l'individu » (voir Art social), il mena un combat constant contre l'enseignement de l'Académie* qu'il jugeait inadapté aux temps nouveaux et stérilisant pour les élèves. Il exposa sa théorie au Congrès d'Anvers en 1861 et, à son retour, finit par accéder à la demande d'un groupe d'étudiants de l'École des beaux-arts, d'ouvrir son propre atelier. La lettre qu'il leur adressa le 25 décembre 1861 est un authentique manifeste (voir Correspondance) : ne pouvant « former des élèves » il ne refusait pas d'expliquer comment « on devient peintre » dans un atelier libre rappelant ceux de la Renaissance.
Castagnary* a décrit cet atelier situé au 82, rue Notre-Dame-des-Champs, et le modèle, un bœuf roux taché de blanc. Mais le propriétaire, inquiet pour son local, donna rapidement congé à Courbet. L'expérience dura donc peu, elle ouvrit cependant de nouvelles perspectives à l'enseignement de l'art. MH

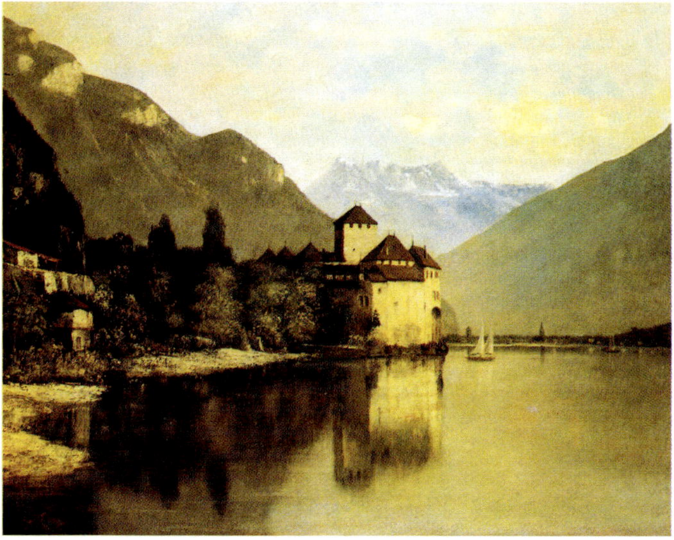

Le Château de Chillon, 1875. H/t 81 × 100. Coll. part.

Page de droite : Pavillon de l'exposition Courbet en 1867.

Espagne. Voir Hollande

Exil : Courbet en Suisse

En 1873 décision est prise que les frais de reconstruction de la colonne Vendôme (voir Commune) seront imputés à Courbet. Il avait en effet proposé ce remboursement (voir Argent), si du moins la preuve était faite de sa responsabilité. Cette condamnation ainsi que la saisie de ses biens le poussent à s'exiler en Suisse, comme d'autres communards. Il connaissait ce pays où Buchon* s'était réfugié lors du coup d'État de 1851,

« Je suis aux cents (sic) coups [...]
Il m'arrive des choses terribles. On vient de me refuser
mon Enterrement *et mon dernier tableau* L'Atelier
avec le Portrait de Champfleury.
Ils ont déclaré qu'il fallait à tout prix arrêter mes tendances
en art qui étaient désastreuses pour l'art français [...] Chacun me pousse
à faire une exposition particulière. J'y ai cédé. »

Courbet à Bruyas, 1855.

et où il comptait des amis. Il se fixe à La Tour-de-Peilz et charge Castagnary et Baudry de la gestion de ses affaires à Paris. De fait il s'adapte assez bien à sa nouvelle vie, aidé par quelques élèves comme Pata et Marcel Ordinaire qui le rejoignent, voyageant et organisant des expositions. Il participe à des fêtes populaires, donnant souvent des toiles pour les prix. Il réalise deux sculptures*, dont *Helvetia* (1875, Besançon), un buste de la République helvétique, mis en place dans plusieurs communes, et *La Dame à la Mouette* (1876, Vevey). Il peint quelques portraits*, dont celui de Rochefort (1874, Versailles). Le journaliste, évadé en 1874 de Nouvelle-Calédonie où il avait été envoyé après la Commune, s'était réfugié à Genève. Il n'avait pas encore pris les positions nationalistes qu'il devait défendre par la suite.
Mais Courbet peint surtout des paysages*, comme le site, voisin de sa résidence, du château de Chillon, maintes fois représenté, en particulier dans une vue peinte d'après photographie* (1874, Ornans).
Il refuse de rentrer en France avant le vote d'une loi d'amnistie générale et meurt malade et bouleversé par la vente de son atelier à Paris. MH

EXPOSER
Le Salon et ses marges

Au siècle dernier le Salon était à peu près la seule occasion dont disposaient les artistes pour montrer leurs œuvres à un très large public. Lorsqu'un artiste obtenait une médaille, ses œuvres étaient acceptées d'office aux Salons suivants. Courbet – dont quelques tableaux furent reçus dès 1844 –, avait été médaillé pour *Une* après-dînée à Ornans* en 1849 (voir Seconde* République) et son tableau avait été acheté par l'État pour le musée de Lille.
Certaines de ses toiles furent malgré tout censurées et Courbet chercha très tôt d'autres solutions (voir Argent, Indépendance). Ainsi, en 1855, au Salon qui devait coïncider avec l'Exposition universelle, on lui refusa certains tableaux qu'il montra, en marge de l'Exposition, dans son « Pavillon du Réalisme », expérience qu'il réitéra en 1867. En 1857 les statuts du Salon changèrent, ne protégeant plus les artistes médaillés. Par chance, Courbet n'envoya plus au Salon que des œuvres susceptibles de plaire. Il fut cependant inquiété à deux reprises : en 1863 une toile scandaleuse montrant des curés ivres, *Le Retour de la conférence* (détruite) fut rejetée, non pas par le jury, mais par l'administration du Salon, ce qui empêcha Courbet de figurer au Salon des Refusés. L'année suivante, le même sort fut réservé à *Vénus et Psyché*, pour son indécence. MH

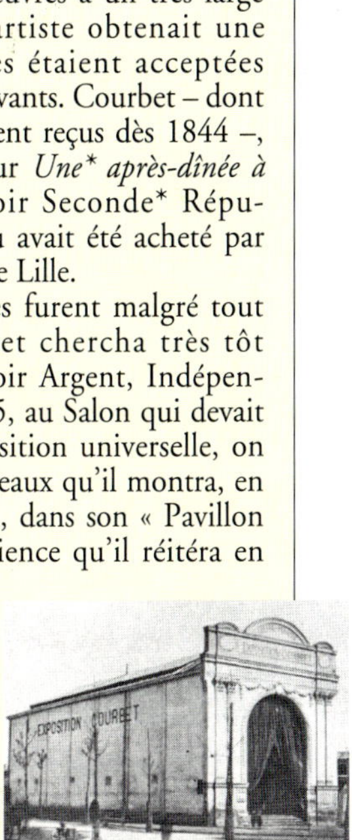

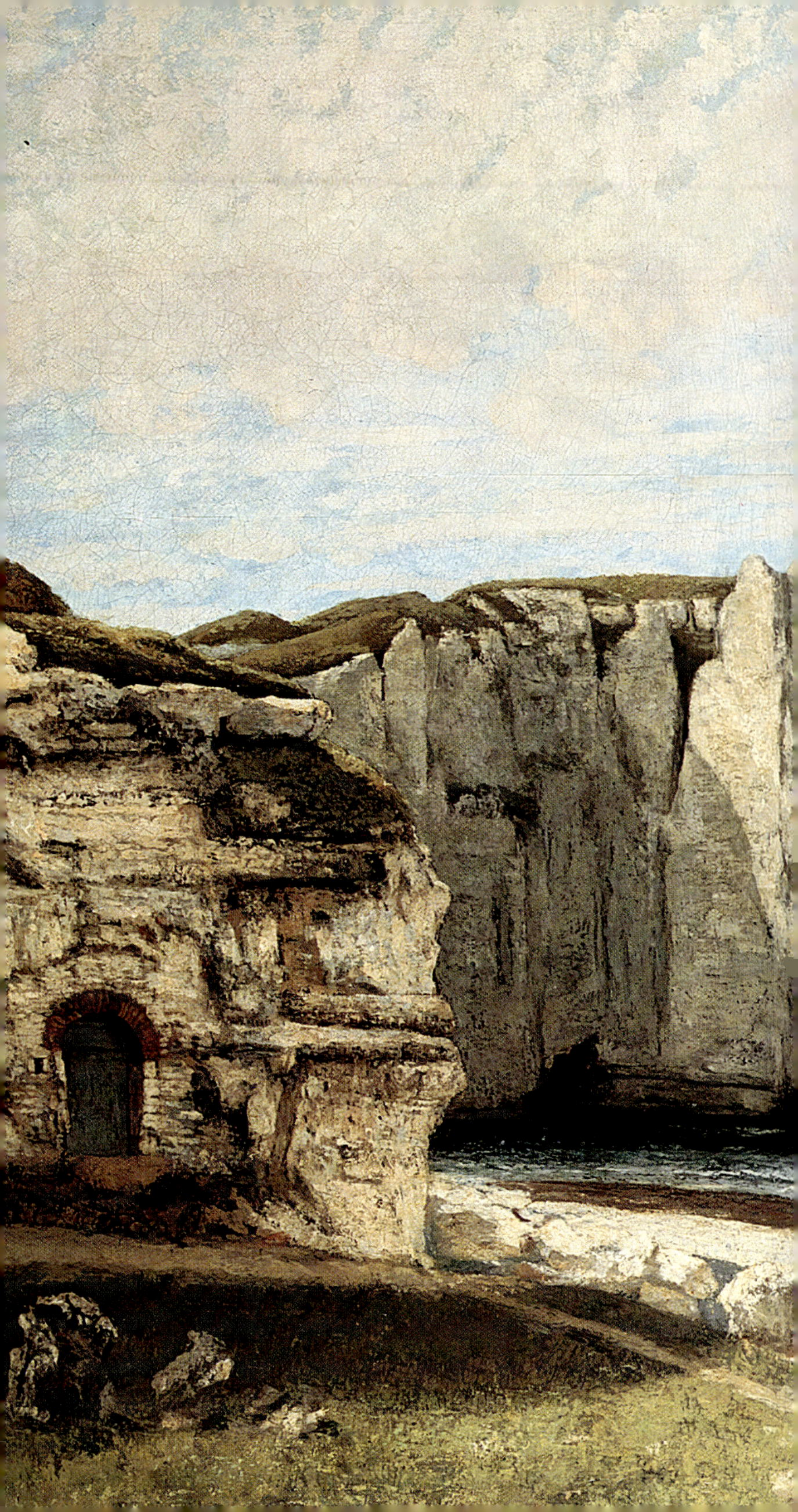

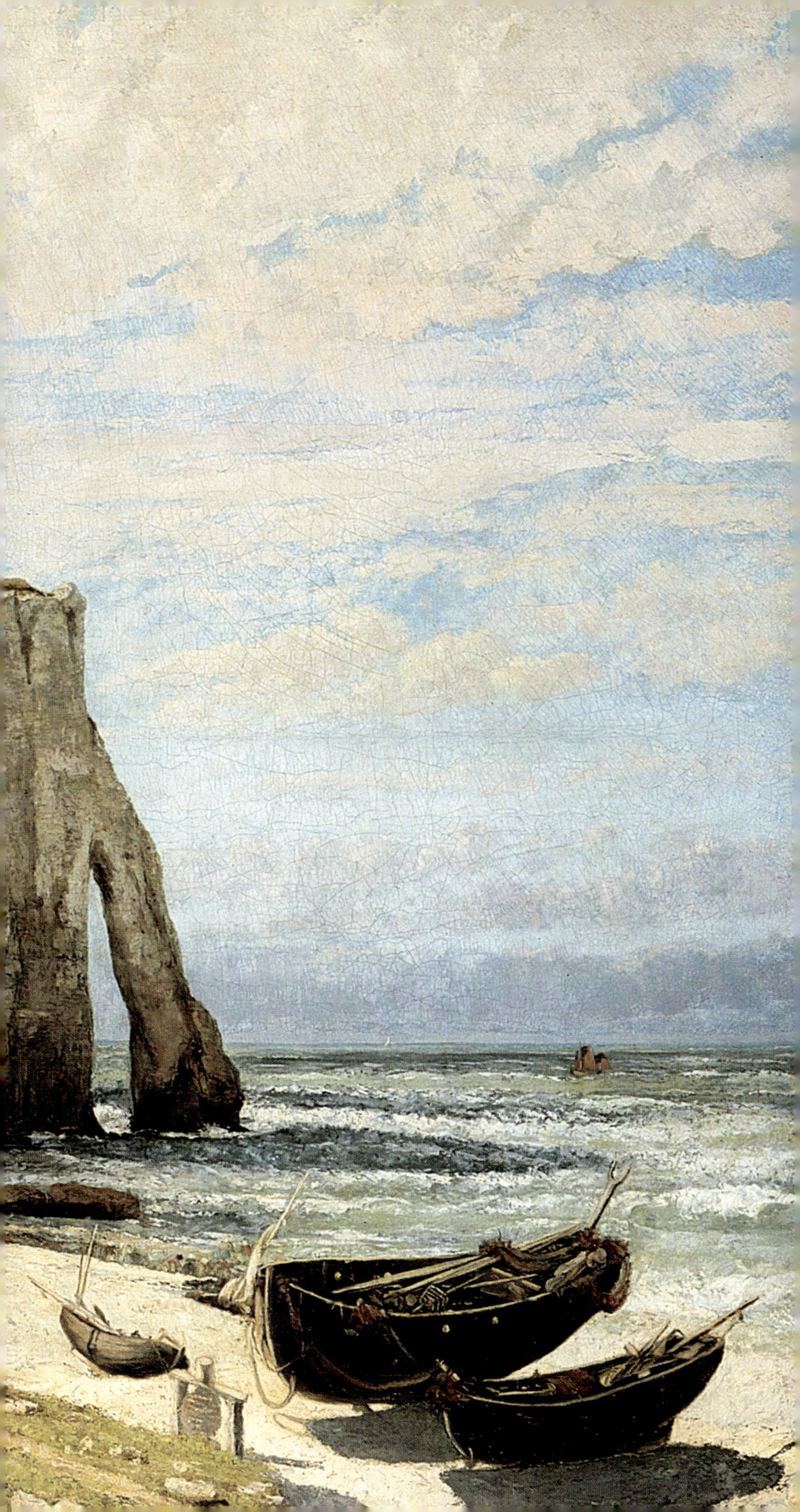

Falaise d'Étretat, après l'orage (La)
Durant l'été 1869, à la demande d'un de ses marchands, Courbet a peint une série de toiles d'après l'arche de la falaise d'Aval à Étretat, dont la plus réussie est le tableau d'Orsay. Avant lui des peintres comme Horace Vernet, Isabey ou Delacroix s'étaient intéressés à ce site de Normandie* ; après lui Monet* y a installé son chevalet. Mais le tableau de Courbet est exceptionnel à plus d'un titre, par la beauté de la composition – la terre, le rocher, le ciel et l'eau s'équilibrent de façon magistrale –, la lumière limpide d'après la pluie, et surtout le grand format inédit chez le peintre pour un paysage de mer (voir Bord de la mer à Palavas). Courbet a capté la sereine grandeur du paysage* à l'état de nature, n'étaient les barques échouées sur le sable, et un petit voilier, au loin, sur la mer.
Il réalise d'ailleurs deux autres marines à cette date dans les mêmes dimensions pour le Salon de 1870, dont *La Mer orageuse* dit *La Vague**. MH

Fantin-Latour (Henri).
Voir Impressionnisme

FEMME
Entre rêverie et volupté

« Courbet fut un très grand peintre de la femme », écrivait Pierre Mac Orlan. « Devant lui elle apparaît avec plus de franchise qu'elle ne s'en accorde à elle-même devant son miroir. » Qu'elles soient paysannes, « demoiselles* » de village, modèles, bourgeoises ou aristocrates, les femmes se succèdent dans son œuvre, sensuelles et mystérieuses, entre présence et absence car, si leur corps est bien là, leur esprit s'absorbe souvent dans le rêve* ou dans le sommeil*.
Courbet a été entouré de femmes dans sa jeunesse, celles de sa famille d'abord, sa mère, sa grand-mère et ses trois sœurs. Par la suite on l'imagine, d'après sa correspondance* et les dires de ses amis, maladroit et peut-être timide, incapable en tout cas de fonder un foyer. Professant que le mariage est la mort de l'art, il laissa partir sa compagne Virginie Binet – reconnaissable sur plusieurs de ses tableaux – qui lui avait donné un fils (voir Cribleuses).
Castagnary* a parlé de la chasteté du peintre ; il l'autorisa d'ailleurs à faire le portrait* de sa maîtresse (Blanche d'Antigny ?) dans *La Dame aux bijoux* (1867, Caen). Quelques toiles évoquent les liaisons de Courbet : *Le Portrait de Laure Borreau*, (1863, Cleveland), que Courbet connut en Saintonge* et qui était mariée, ou Léontine Renaude, la *Femme nue au chien* (1868, Orsay, ill. p. 18). MH

Double-page précédente :
La Falaise d'Étretat, après l'orage (détail), 1869.
Paris, Orsay.

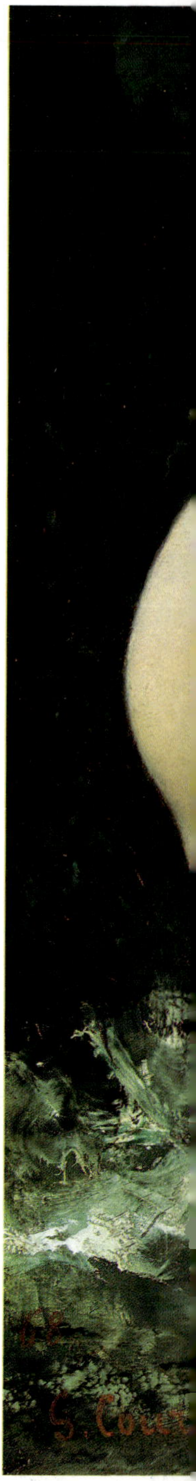

La Femme à la vague, 1868. H/t 65 × 54.
New York, The Metropolitan Museum of Art.

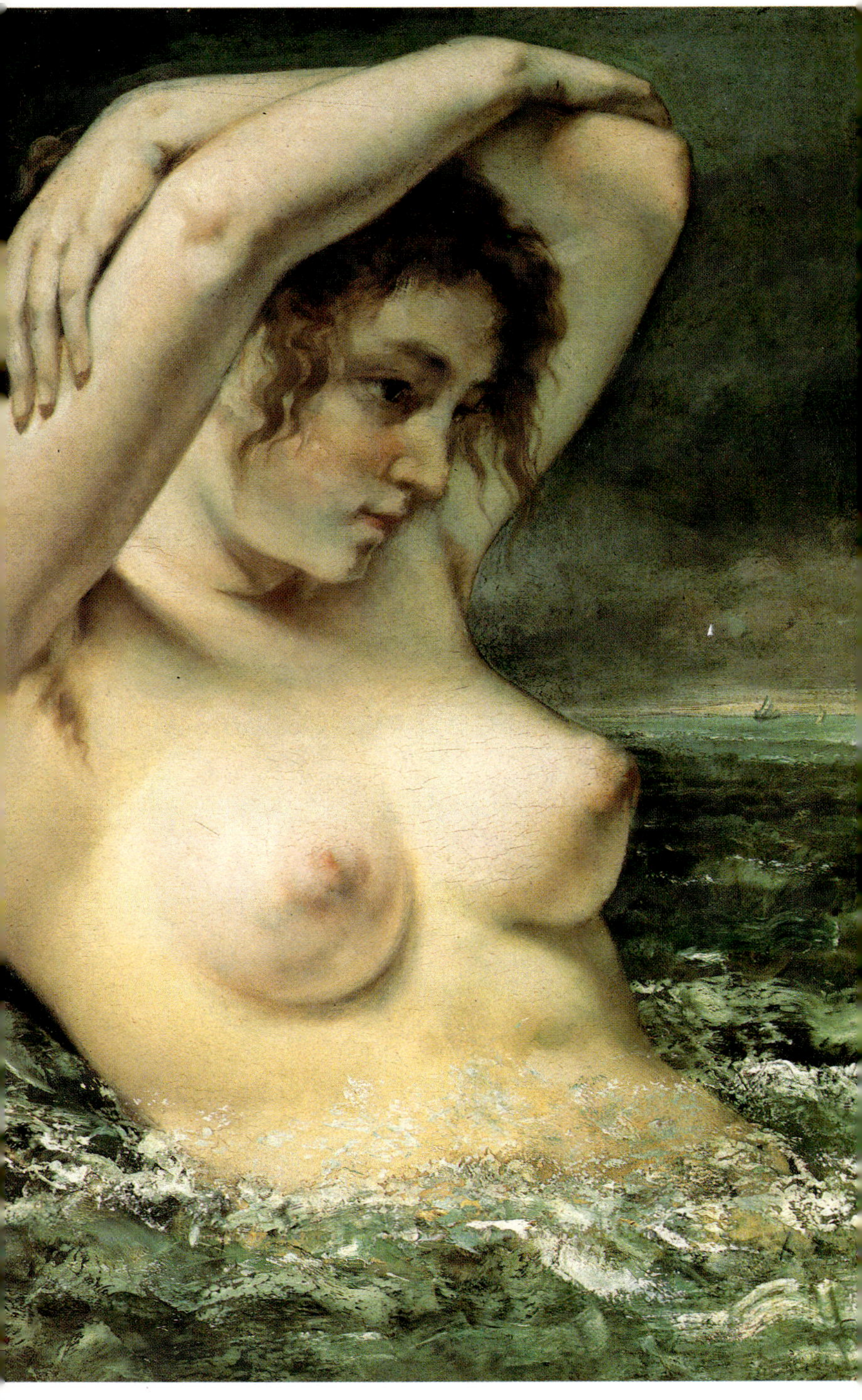

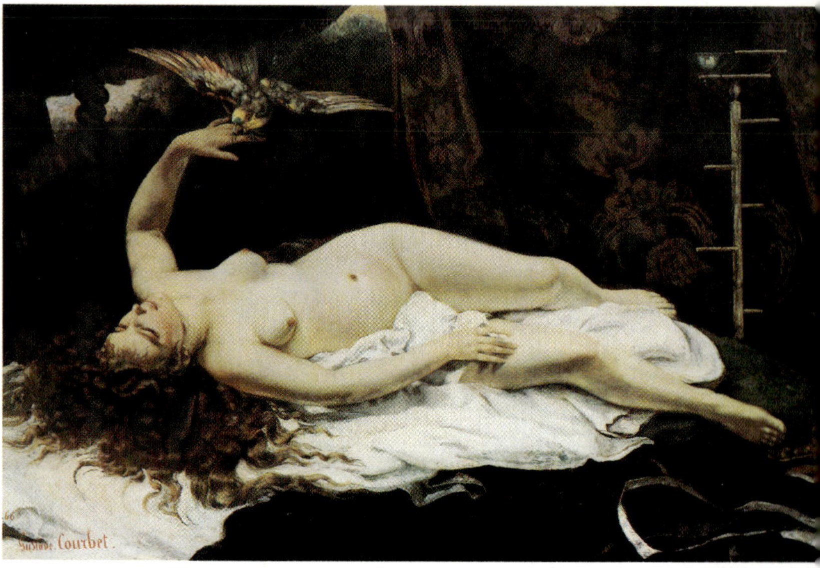

La Femme au perroquet, 1866. H/t 129 × 195. New York, The Metropolitan Museum of Art.

Femme au perroquet (La)

En 1866 Courbet peignit à la fois ses tableaux les plus scandaleux, *L'Origine* du monde* et *Le Sommeil* *, et le nu* qui allait lui gagner les faveurs du public, *La Femme au perroquet*. La joliesse du motif de la femme à l'oiseau, le jeu des arabesques, la grâce de cette rousse à la chevelure* déployée, répondaient à merveille au goût du Second* Empire pour les nudités décoratives, telle *La Naissance de Vénus* de Cabanel (achetée par l'empereur en 1863). Zola*, malgré son admiration pour le peintre, se fâcha, lui reprochant d'avoir assagi sa muse. Pourtant Courbet avait repris le thème de la femme* couchée et le motif du perroquet d'une œuvre précédente, *Vénus et Psyché* – disparue dans le bombardement de Berlin en 1945 –, refusée en 1864 pour immoralité à cause de l'interprétation saphique qui en avait été donnée.
On a rapproché *La Femme au perroquet* de l'*Olympia* de Manet* exposée en 1865, que Courbet n'avait pas appréciée. A-t-il voulu montrer à Manet comment peindre le nu ? Un grave malentendu opposa par ailleurs l'artiste à Nieuwerkerke, le surintendant des Beaux-Arts, qui n'aurait pas, selon lui, honoré sa promesse d'acheter le tableau pour l'État. MH

Flaubert (Gustave)

Courbet ne mentionne jamais Flaubert (1821-1880) dans sa correspondance*, bien qu'il ait peut-être représenté Louise Colet, maîtresse de l'écrivain, dans *L'Amazone* (1856, New York). Plusieurs auteurs ont en tout cas rapproché leurs noms, de leur vivant déjà.
Flaubert n'a cessé de tuer en lui le lyrisme et l'effusion bavarde. Il dira, au moment de *Madame Bovary* : « Il y a en moi, littérairement parlant, deux bonshommes distincts : un qui est épris de *gueulades*, de lyrisme [...] de toutes les sonorités de la phrase et des sommets de l'idée ; un autre qui fouille et

creuse le vrai tant qu'il peut, qui aime à accuser le petit fait aussi puissamment que le grand, qui voudrait vous faire saisir presque *matériellement* les choses qu'il reproduit. »
Il en résulte dans ses romans de désirs avortés, d'ennui et de désillusion une dualité constante : d'un côté la banalité mesquine des existences programmées, le gris des vies engluées, le vitriol de l'ironie sur le romantisme impénitent de héros qui se brisent à leurs propres rêves, la bêtise qui ne sauve pas de la médiocrité ; de l'autre, le style « qui est tout », la forme aussi parfaite qu'économe, le rythme net de la phrase. Entre Balzac qu'il admire et Gautier dont il pleure la mort, Flaubert a choisi un siège instable. Soumis à cette discipline du verbe, le monde qu'il peint avec une intensité qui valut un procès à *Mme Bovary*, n'est qu'en apparence impersonnel. Comme chez Courbet, le sens, libéré de la narration traditionnelle et de ses schémas psychologiques transparents, se fractionne, se glisse dans la densité des choses et l'obscurité des êtres.
Si la position de Flaubert rend fragile toute théorie unitaire du réalisme en littérature, ses romans restent *aussi* pour leur valeur d'analyse sociale et historique : c'est la jeunesse quarante-huitarde de Courbet que liquide *L'Éducation sentimentale* en 1869. SG et MH

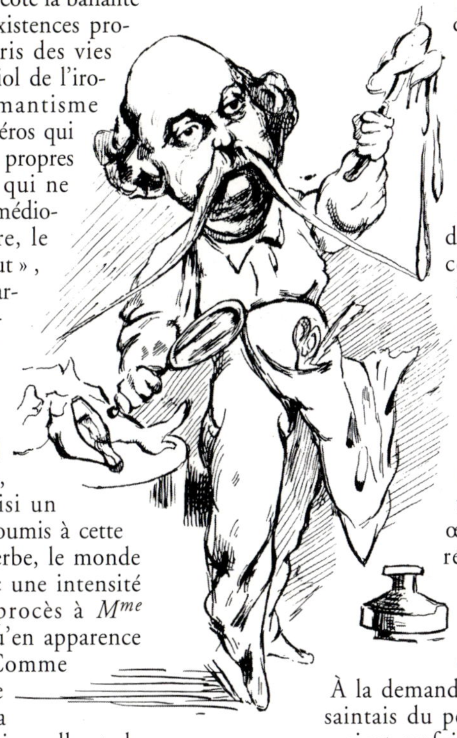

Caricature de Gustave Flaubert.

Page suivante : *Jeune Fille arrangeant des fleurs*, 1862. H/t 136 × 111. Coll. part.

« Dans Madame Bovary, *je n'ai eu que l'idée de rendre un ton gris, cette couleur de moisissures d'existences de cloportes. »*

Flaubert, 1850.

Fleurs

Pendant son séjour en Saintonge* en 1862-1863, chez un jeune amateur d'art ami de Castagnary, Étienne Baudry (voir Mécènes), Courbet fit des tableaux de fleurs inspirés de la tradition hollandaise*, qui annoncent le goût des impressionnistes* pour les bouquets. Baudry était passionné de botanique, ce qui influença le peintre dans le choix de ce thème. L'une des œuvres les plus réussies de la série s'intitule *Le Treillis*, ou *La Femme aux fleurs* (1863, Toledo).
À la demande de l'entourage saintais du peintre, ces toiles avaient parfois un sens allégorique, comme par exemple la *Nature* morte aux pavots et au crâne* (1862, Paris, coll. part.), qui montre un bouquet de pavots dressé dans un crâne posé sur un livre, dont la notice du livret de l'exposition de Saintes en 1863 précisait le sens en ces termes : « La mort* triomphe du désir, et les pavots endorment les soucis de la vie. » Il faut d'ailleurs se souvenir de l'importance qu'avait, au XIXe siècle, le langage des fleurs. Peut-être le *Bouquet d'asters*

(1859, Bâle), dédicacé primitivement à Baudelaire*, voulait-il dire « Je doute de vous », à un moment où l'amitié des deux artistes s'était beaucoup estompée.
Durant cette période les fleurs sont rares dans l'œuvre du peintre, ce qui donne du prix au ravissant bouquet placé au centre des *Demoiselles* des bords de la Seine*, dans le giron de la femme* du deuxième plan. MH

Fragment : la partie et le tout

Courbet aime les cadrages rapprochés qui confrontent sans médiation le regard au sujet et suggèrent la liberté de l'artiste prélevant un fragment significatif dans une réalité qui déborde le tableau. Le cadre n'enclôt plus la représentation comme un tout séparé du réel ; limite arbitraire il accuse au contraire le prolongement potentiel de l'image. C'est le cas, par exemple, du cortège d'*Un* enterrement à Ornans*, tronqué de part et d'autre, mais aussi de la fosse qui s'entrouvre au bas du tableau, attirant à lui le spectateur. De telles césures sont fréquentes dans les paysages* qui, dépourvus en outre de plans ordonnés, se présentent avec la puissance d'une sculpture* à peine dégrossie.
Le procédé de la fragmentation ne consiste pas seulement à intensifier l'effet de réel, il répond aussi, au niveau des significations du tableau, au recours permanent à la métonymie, soit à la partie pour le tout. Un vétéran de 1793 signifie la Première République, un chapeau l'amant qui s'est éloigné. Le détail, étranger à toute mise en scène, ne se plie à aucune anecdote, il s'intègre au tableau qui n'est jamais lui-même por-

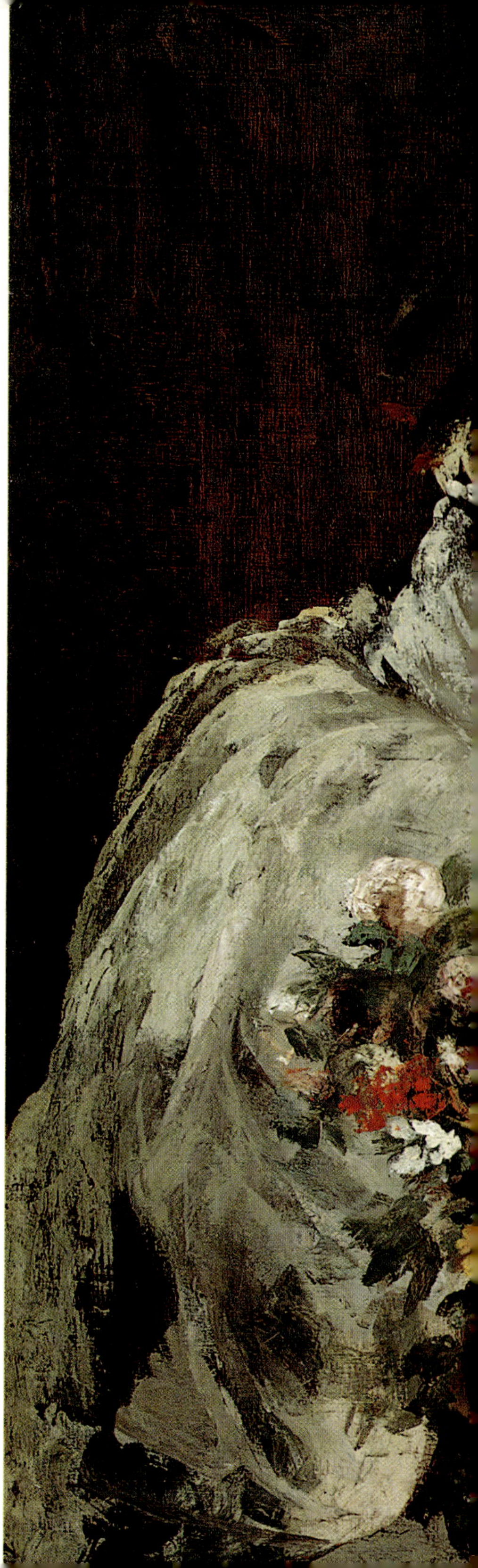

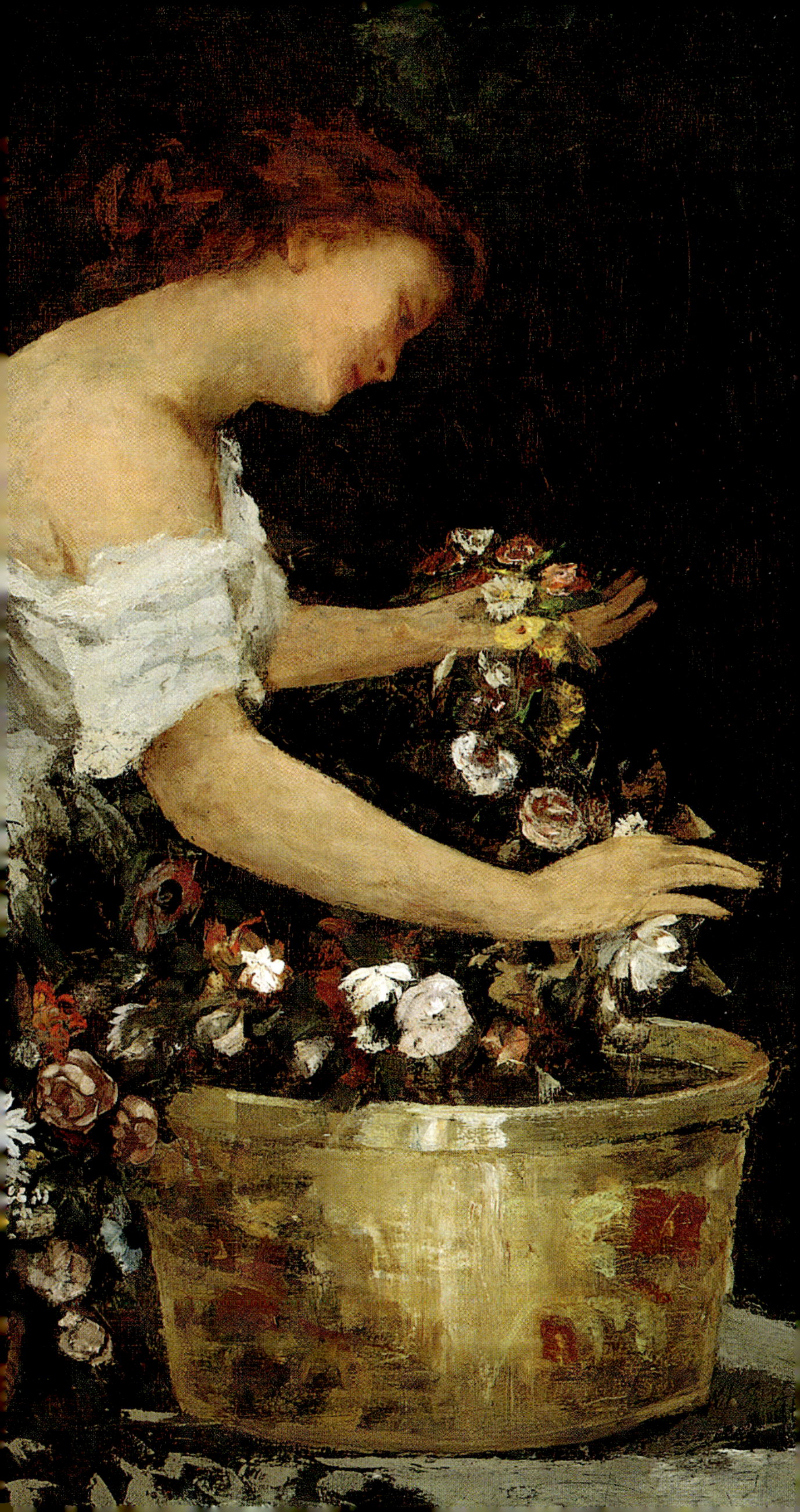

teur d'un message univoque mais respecte la complexité du réel.

Resituée dans la poétique de Courbet, où le sens de l'œuvre se veut pluriel et parfois mystérieux, *L'Origine* du monde* peut être regardée, au-delà même du sexe féminin exhibé et de l'érotisme qui s'y love, comme le symbole de l'art de Courbet. Fragment par excellence. SG

Franche-Comté.

Voir Ornans

Goncourt (Les frères)

Pour Courbet, les frères Goncourt n'avaient que mépris. C'est dit dès 1852 : « Nous sommes de grands partisans du réalisme* en peinture, mais non du réalisme cherché exclusivement dans le laid*. » En 1867, ils s'emportent dans leur *Journal* : « Le laid, toujours le laid ! Et le laid sans la beauté du laid ! » Au réalisme trop cru de Courbet il manquerait la verve ensoleillée d'un Decamps, la simplicité antique de Millet*, pour ne pas parler du piquant des artistes rococo dont les Goncourt se firent les historiens dans les années 1850. En revenant à Boucher et Fragonard, ils pensent nier David, Ingres, Delacroix, trop classiques ou trop littéraires, pas assez modernes*. À défaut du peintre qui serait le Watteau de leur temps, ils élisent (après Gautier) le gentil Gavarni, et non Daumier*, trop peu distingué. Gavarni, lui, sait ajouter à l'observation des mœurs, des usages, de « l'habit du XIXe siècle » le charme du crayon, qui spiritualise jusqu'aux aspects les plus sordides du monde actuel.

De petite noblesse déchue, Edmond (1822-1896) et Jules (1830-1870) se consolèrent autant qu'ils le purent de cette société faisandée en dévoilant après 1860, dans leurs romans écrits à deux, le visage honteux des temps démocratiques.

Puisque les mœurs sont impures, que l'enfer social est le tribut du progrès, qu'il est des existences ordinaires d'un tragique insoupçonné, le roman* doit être vrai, sans illusions. Vrai par les milieux qu'il observe, les caractères, les passions, les destins qu'il analyse cliniquement. Récits objectifs et qui par endroits choquèrent mais dans le même temps sophistiqués dans leur langue orfévrée, une prose aux raffinements, aux néologismes incessants, aux mots en cascades nerveuses qui recouvrent les indications psychologiques du jet continu de sensations visuelles, épidermiques, olfactives. Le décor tel une névrose étouffe la volonté des personnages, qui ressemblent trop à des sujets de laboratoire pour avoir la force concrète de ceux de Balzac ou de Flaubert*. Plus noire est la situation décrite, plus abondante, distanciée, artificielle l'« écriture artiste ».

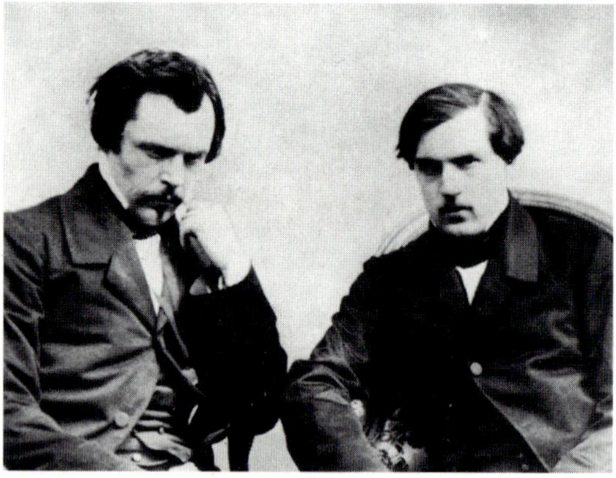

Les frères Goncourt

Reste que Zola salua en 1865 *Germinie Lacerteux*, « ce roman du ruisseau, aux odeurs âcres et fortes », comme une date. C'est sa préface qui aujourd'hui retient. Du roman moderne, l'écrivain à quatre mains affirmait qu'il devait « être la forme sérieuse, passionnée, vivante, de l'étude littéraire et de l'enquête sociale ». En mettant le style au-dessus de l'observation du réel les Goncourt désignaient à l'avance la raison de leur partiel oubli. SG

Habit noir.

Voir Modernité

HIÉRARCHIE DES GENRES : UN ORDRE ABOLI ?

Au Salon de 1849, Courbet expose *Une* après-dînée à Ornans* où une simple scène domestique de la vie de province prend résolument les dimensions d'un sujet d'histoire comme si elle avait, au même titre, valeur exemplaire. C'est le premier coup de force de Courbet à l'égard de la hiérarchie académique* des genres. Certains critiques le lui reprochent d'ailleurs aussitôt. Lagenevais : « On s'explique difficilement pourquoi M. Courbet a fait un tableau de genre sur une toile de cinq pieds. Un intérieur de cuisine, qui plairait dans un cadre resserré, perd son charme si vous lui donnez les proportions qu'il a dans la nature » (cité par H. Zerner). Avec Courbet la réalité ordinaire, qui plus est provinciale, s'offre au spectateur sans détours, grandeur nature, « en pied » dira Champfleury*. Rien ici qui ne crée à l'égard du motif familier une distance poétique. Rien ici des cuisines proprettes de Drolling, ce membre de l'Institut passé maître en vertus ménagères. La scène de genre traditionnelle éloigne et ainsi poétise la réalité qu'elle montre par l'étroitesse de ses formats, sa facture précieuse et son pittoresque bon enfant.

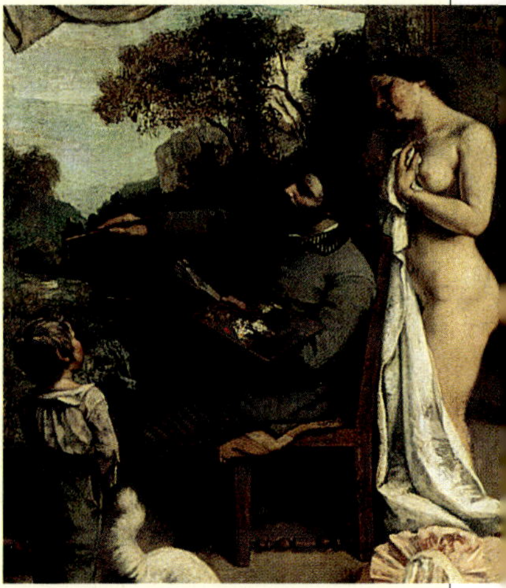

L'Atelier du peintre (détail), 1855. Paris, Orsay.

Or Courbet peint large et abolit toute donnée anecdotique. Toute narration aussi : c'est alors aller contre les principes séculaires de la peinture d'histoire dont la vocation vers 1850 restait - en théorie - de représenter une action humaine en l'ennoblissant ou la dramatisant, que le sujet en soit pris à la Bible, à la mythologie ou aux événements mémorables de l'histoire.

Le meilleur de la peinture romantique* (Géricault, Delacroix) avait retranché tout idéalisme des représentations de la réalité contemporaine. Restaient l'éloquence, la fougue épique ou la lumière d'Orient qui tranfigurent la réalité. Cette forme d'exaltation disparaît chez Courbet : le commun des mortels et le fait brut peuvent être porteurs de vérité et de sens sans surenchère expressive ni message univoque (voir Art social).

Courbet affirme le droit de l'artiste à disposer selon son gré des formats et des sujets, qu'il s'agisse de fleurs*, d'animaux traqués (voir Chasse) ou des habitants d'Ornans. La signification du tableau se libère des catégories usuelles et de leur codification. Le moindre aspect de la réalité peut contenir une valeur allégorique qu'à son tour le spectateur est libre d'interpréter. Le paysage que Courbet achève dans *L'Atelier** ne dit pas autre chose : les genres comme les hommes sont égaux devant l'artiste. SG

HOLLANDE ET ESPAGNE
Courbet et ses pères

Outre les grandes figures du romantisme* qui l'avaient guidé dans sa jeunesse, le faux autodidacte* qu'était Courbet a copié au Louvre et ailleurs les maîtres du réalisme hollandais, espagnol voire italien avant d'imposer sa propre peinture du réel, plus sobre encore, plus directe. Fin 1846 ou début 1847, il part pour la Belgique et les Pays-Bas avec lesquels sa vie durant il entretiendra des relations de travail et de commerce. Bruxelles, La Haye, Amsterdam, peut-être Haarlem... Courbet connaîtra mieux désormais cet art moins asservi à la hiérarchie* des genres, où le sujet moderne l'emporte sur l'antique, le familier sur l'idéal. Il écrit : « Un voyage comme cela vous apprend davantage que trois ans de travail. »

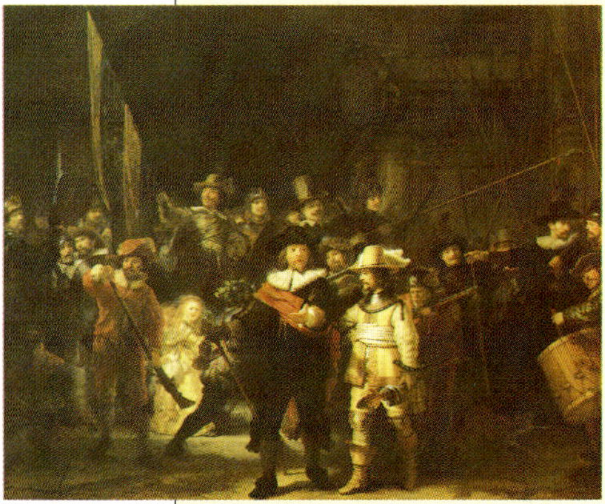

Rembrandt, *La Ronde de nuit*, 1642. H/t 359 × 438. Amsterdam, Rijksmuseum.

Cette filiation réaliste est remarquée par certains critiques sagaces dès 1848. Du *Violoncelliste* de Stockholm (ill. p. 13), Champfleury* écrit : « Nourri de Rembrandt et de Ribera, ce garçon avait pris de telles qualités solides, qu'il exagérait un peu ses ancêtres. On mettrait dans le musée espagnol [nda : au Louvre] son portrait* d'homme à la basse qu'il resterait fier et tranquille sans craindre les Vélasquez et les Murillo. » Pour Haussard il y a dans cette œuvre au violent clair-obscur « un resouvenir de Caravage et de Rembrandt ». Ce dernier fut avec Hals un des phares de Courbet. Non attesté par la copie, le lien au Caravage est évident, notamment dans *Une* après-dînée à Ornans* au sujet de laquelle Hélène Toussaint a signalé avec raison le modèle de *La Vocation de saint Matthieu* (Rome, Saint-Louis-des-Francais). Mais à cette date le réalisme* de Courbet est sur le point de trancher même sur l'art des maîtres qu'il s'est choisi. Dépouillé de tout ménagement expressif, le style devient aussi âpre que le réel. SG

Hugo et Courbet

À Besançon Courbet logeait dans la maison où Victor Hugo (1802-1885) était né par hasard trente-cinq ans plus tôt. Le peintre, à ses débuts, s'était inspiré d'un poème de Hugo pour une *Odalisque*, et il est probable que *Le Hamac ou Le Rêve** (1844, Winterthur, ill. p. 12) trouve de même sa source dans un poème des *Orientales* très souvent illustré par les artistes, « Sara la baigneuse ».
Max Buchon* admirait Hugo, et lui envoya en 1863 un recueil de ses poésies. Hugo lui répondit qu'il lui devait « la révélation de [son] pays natal ». Courbet écrivit l'année sui-

vante au poète exilé* à Guernesey sur le conseil du journaliste Charles Bataille, ce dernier affirmant que Hugo désirait qu'il fasse son portrait*. Hugo répondit une lettre flatteuse, invitant le peintre à Hauteville House, et mettant sa « tête » et sa « pensée » à sa disposition. La presse s'empara du projet, ce qui mit le poète mal à l'aise. Courbet ne se rendit jamais à cette invitation. Quant à Hugo, il ne lui pardonna pas le déboulonnage de la colonne Vendôme (voir Commune). MH

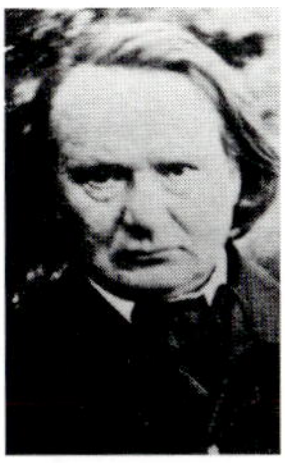

Victor Hugo, v. 1855. Détail d'une photographie par Charles Hugo. Paris, maison de Victor Hugo.

Impressionnisme : l'exemple de Courbet

Courbet, s'il n'a pas mis d'accord dès le départ l'ensemble des critiques (voir Réception), s'est imposé d'emblée comme une référence auprès des artistes. Sa peinture joue un rôle fondateur que personne ne discute aujourd'hui. Son retour à la nature et son mépris de l'histoire au profit de la modernité* ont ouvert la voie à une jeunesse lassée d'un enseignement* qui datait de David.

Manet, d'abord, entretint un dialogue suivi avec Courbet, à travers ses nus* particulièrement, et l'on peut repérer les fils qui relient *Le Déjeuner sur l'herbe* (1863, Orsay) aux *Baigneuses**, ou *La Femme* au perroquet* à *Olympia* (1863, Orsay). Les débuts de Monet ou Renoir ne cachent rien de ce qu'ils doivent au maître-peintre. Courbet d'ailleurs ne figure-t-il pas en personne dans *Le Déjeuner sur l'herbe* de Monet ? Si l'on veut cerner les origines de la nouvelle peinture, il faut analyser comment on est passé, entre 1859 et 1869, du réalisme* de Courbet à celui de Manet, puis à l'impressionnisme de Monet et de Degas.

Courbet, par son combat contre l'Académie*, a contribué à l'effondrement de la hiérarchie* des genres et aux progrès de la peinture de genre et du paysage* surtout, qui triomphe partout. *Les Demoiselles* de village*, cette scène moderne qui montre trois jeunes villageoises en train de faire l'aumône à une petite gardeuse de vaches au sein d'une prairie ample et lumineuse, a posé les bases de l'accord futur entre figures et paysage qui sera au centre de la peinture du plein air. Les jeux de l'ombre et de la lumière de *La Rencontre**, les jeunes femmes couchées dans l'herbe au bord de l'eau dans *Les Demoiselles* des bords de la Seine*, ont ouvert la voie à la représentation des mœurs d'une nouvelle génération.

En marge de l'impressionnisme, des artistes comme Fantin-Latour et Whistler* ont été fortement influencés par le réalisme de Courbet. Fantin avait suivi ses cours dans son atelier éphémère. Quant à Whistler, il l'avait rejoint en Normandie* en 1865. MH

Claude Monet, *Le Déjeuner sur l'herbe*, 1865-1866. H/t 248 × 217. Paris, Orsay.

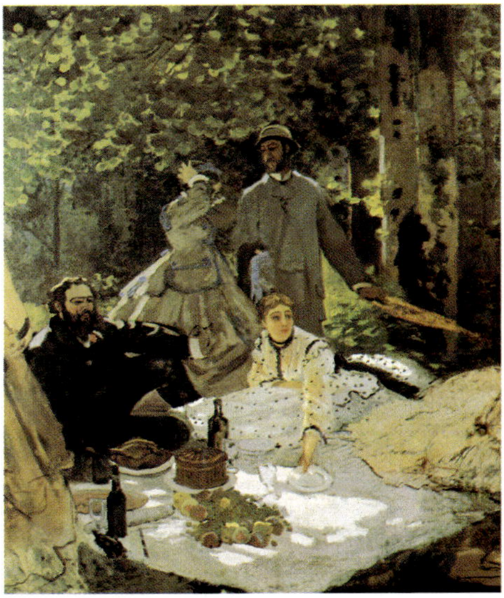

INDÉPENDANCE
L'artiste et l'État

L'une des convictions de Courbet était l'incompétence de l'État en matière d'art. Il l'exprime dans sa correspondance*, acceptant des récompenses à Munich et à Bruxelles en 1869 parce qu'elles émanaient des artistes, et refusant toute distinction provenant du gouvernement français, même la Légion d'honneur en 1870. Maintes fois il a dénoncé la nécessité, sous le Second* Empire, d'être « napoléonien » pour avoir droit à la reconnaissance de l'administration et du public. À ses yeux d'ailleurs tout pouvoir est nocif à l'art. Dans une lettre adressée aux artistes le 18 mars 1871 et publiée dans *Le Rappel* et dans *L'Ami du peuple*, il développe sa position, évoquant « l'art aristocratique et théocratique » issu des régimes précédents qui, en protégeant l'art, le détruit et lui ôte sa « spontanéité ». Pour lui, la démocratie devait s'accompagner d'un art libéré de toute mainmise gouvernementale, soutenu par le mécénat* privé.
Quant à l'École des beaux-arts, « patronnée et subventionnée par le gouvernement », elle ne servait qu'à perpétuer un enseignement* médiocre, fondé sur le modèle italien. La réforme radicale du Salon souhaitée par Courbet pendant sa présidence du Comité des arts sous la Commune* n'eut cependant pas lieu à ce moment-là, car il n'y eut pas de Salon en 1871. MH

Jo, la belle Irlandaise.
Voir Chevelure

Journet (Jean)
Jean Journet (1799-1861) était un excentrique connu dans le Paris de 1850, un utopiste, disciple de Charles Fourier, qui avait quitté sa pharmacie de province pour vivre en communauté et se consacrer à répandre les idées de son maître en distribuant de petites brochures destinées à sauver le monde. Champfleury* lui avait consacré un long article en 1847 dans sa série des *Excentriques*. On l'appelait « l'apôtre Journet ». Courbet le retrouvait souvent dans les cafés où il prêchait de sa belle voix. Il l'a représenté en missionnaire partant pour convertir le monde dans un portrait* « historique », *Jean Journet partant à la conquête de l'harmonie universelle* (1850, Paris, coll. part.), inspiré de l'imagerie populaire du Juif errant, dont il s'est servi aussi pour se représenter lui-même

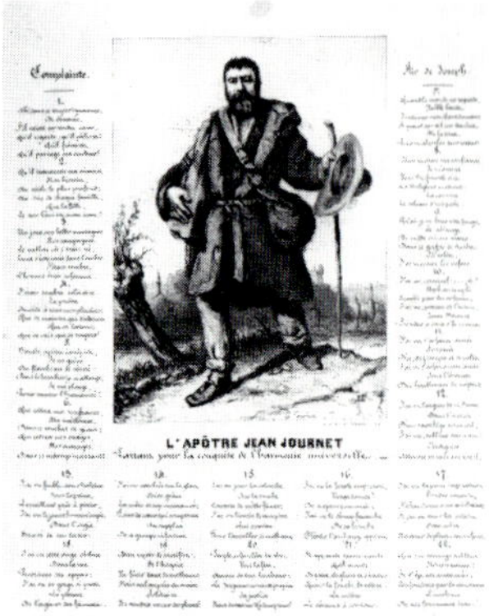

Jean Journet partant à la conquête de l'harmonie universelle, 1850. Lithographie.

dans *La Rencontre**. Il existe une lithographie, inversée, exécutée d'après le tableau par le peintre lui-même, où la figure est encadrée par les strophes d'une complainte, comme dans certaines images pieuses du saint pèlerin Jacques le Majeur, imprimées au début du XIXe siècle (voir Naïveté). MH

Khalil-Bey. Voir Mécènes

Laideur
Un enterrement à Ornans*, exposé au Salon de 1850-1851, déclencha un véritable scandale. Que lui reprochait-on ? Essentiellement la laideur et la vulgarité de ses personnages. Champfleury* ne leur reconnaissait que « la laideur de la province ». Mais Théophile Gautier, qui disait admettre la notion de réalisme*

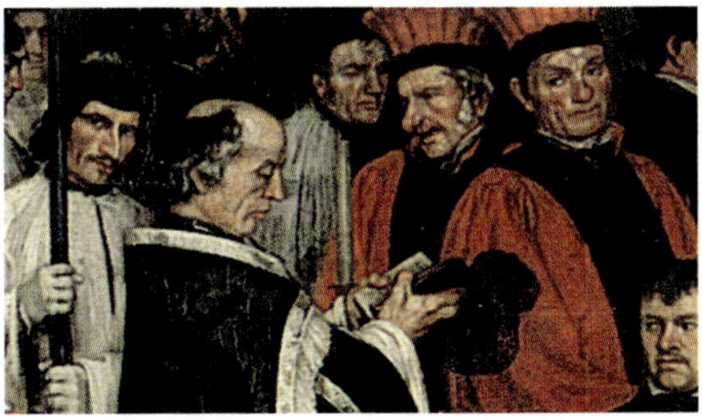

Un enterrement à Ornans (détail), 1849-1850. Paris, Orsay.

dans l'art, prétendait que Courbet, en refusant d'idéaliser les visages des Ornanais, s'était comporté comme un « maniériste en laid ». Loin de reproduire le réel, comme il le prétendait, il l'aurait déformé pour l'enlaidir.
Ni la peinture nordique, pourtant, que Courbet avait vue en Hollande*, ni la peinture espagnole, n'avaient répugné à montrer les pauvres gens dans leur misère physique. De plus la peinture « sombre » des peintres de la réalité s'est toujours opposée à la peinture « claire » prônée par l'Académie*. Mais le XIXe siècle était imprégné d'une conception platonicienne de la beauté revue par Winckelmann et enseignée sous la Restauration et la monarchie de Juillet par Victor Cousin, selon laquelle les beautés du corps servent à traduire la pureté de l'âme à la recherche du bien.
En montrant la laideur de personnages communs mais bien réels, en poursuivant la vérité de la nature plutôt que le Beau, Courbet remettait en question les fondements mêmes de l'art de son temps. MH

Loue (Source de la)

Au centre, une béance obscure d'où émerge, à vive allure, la Loue, reliée souterrainement au Doubs. Entre cette roche claire, pareille à un arc antique, et le spectateur, point de distance. Une sorte de mur de peinture, construit à larges touches (voir Technique), se dresse avec une vigueur mystérieuse. Le regard ne se glisse que lentement au sein de cette cavité. Curiosité locale qui a retenu Courbet dans plusieurs tableaux autour de 1863. Chaque version a sa tonalité, son cadrage propre, plus ou moins serré. L'ensemble dit la fascination du peintre pour cette grotte nourricière, cette autre *Origine* du monde.* Forme « vaginale » (Dumas) et ombre *pubienne* trouvent dans la fragmentation* de la vision une intensité obsédante.
Une fois de plus « la sensibilité à l'élémentaire » (P. Georgel) rejoint le fantasme privé. L'eau jaillissante comme attribut vénusien de la femme* est chez Courbet une permanence de l'imaginaire. Est abolie dans ce jeu de miroirs l'allégorie traditionnelle de la source, représentée sous l'aspect d'une jeune femme versant l'eau avec parcimonie, recours d'Ingres en 1856 et de tant d'autres au moindre talent. Courbet, en constant dialogue avec son temps, réplique aux fades abstractions par le concret et la poésie de la suggestion. Femme et nature* fusionnent. SG

La Source de la Loue, 1864. H/t 107 × 137. Buffalo, Albright-Knox Art Gallery.

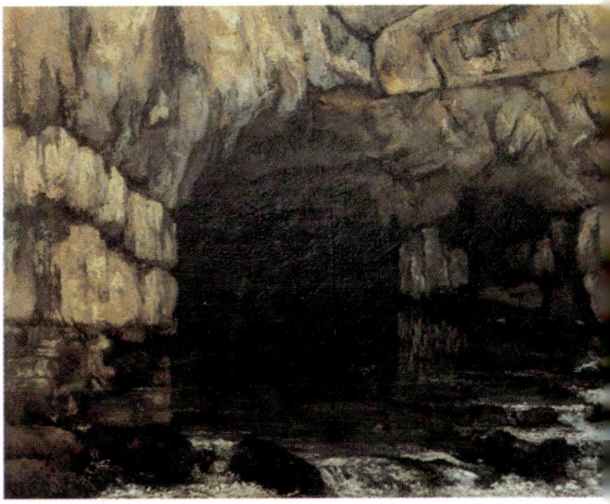

LUTTEURS

Les Lutteurs – recouvrant la *Nuit classique de Walpurgis* (tableau inspiré de Goethe) qui avait obtenu les éloges de Champfleury en 1848 –, fut exposé en même temps que *Les Baigneuses**. D'un format très voisin, ces tableaux forment pendant, dans une étude comparée d'anatomie et de musculature masculine et féminine. Ils se répondent point par point, construits chacun autour de deux personnages du même sexe, séparés chez les femmes tandis qu'ils sont enlacés chez les hommes. À la scène de campagne des *Baigneuses* correspond une scène urbaine (voir Ville et campagne) parfaitement identifiée dans *Les Lutteurs*. La lutte était un sport très à la mode au début du Second* Empire. En 1852 des lutteurs provençaux s'étaient produits à Paris à l'hippodrome des Champs-Élysées, non loin de l'Arc de triomphe, que l'on devine derrière les arbres du fond de la toile.

Le tableau de Courbet déplut. Représentés à contre-jour, les corps pleins d'ombres des lutteurs paraissaient sales et l'on voyait trop leurs muscles et leurs tendons, comme dans de simples académies*. Le groupe des deux hommes, figé, semblait plaqué sur le paysage*, leurs pieds ne touchant pas le sol. Et l'on distinguait à peine le public dans une tribune tout juste esquissée. Il faut noter l'audace de cette représentation, en particulier la perspective écrasée, comme raccourcie, qui met en relief les deux silhouettes en gros plan. Les lutteurs, tournant le dos à la tribune, semblent donner un spectacle pour le peintre seul. On a prétendu que la prise décrite par Courbet n'était pas classique. La position des deux hommes, en tout cas, au-delà de son réalisme* même, est très expressive. Les muscles noués et les veines gonflées des lutteurs, dans une composition qui suggère que les personnages vont jaillir de la toile, tentent de nous rendre presque tangibles la tension et l'énergie paroxystiques accumulées.

Klaus Herding a écrit un article déterminant sur ce tableau, voyant dans les caleçons rouge et noir des combattants une allusion à l'opposition entre le socialisme et l'Église. Le tableau entra au musée de Budapest en 1951 après avoir appartenu au baron de Havatny, qui posséda aussi *L'Origine* du monde*. MH

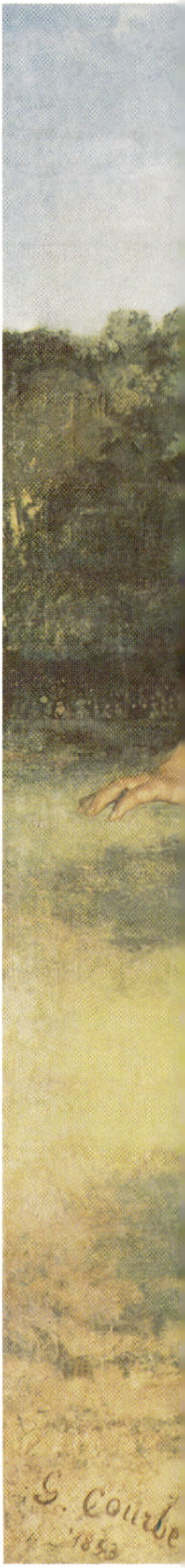

Les Lutteurs

1853. H/t 252 × 198

Budapest, Szépmüvészeti Muzeum.

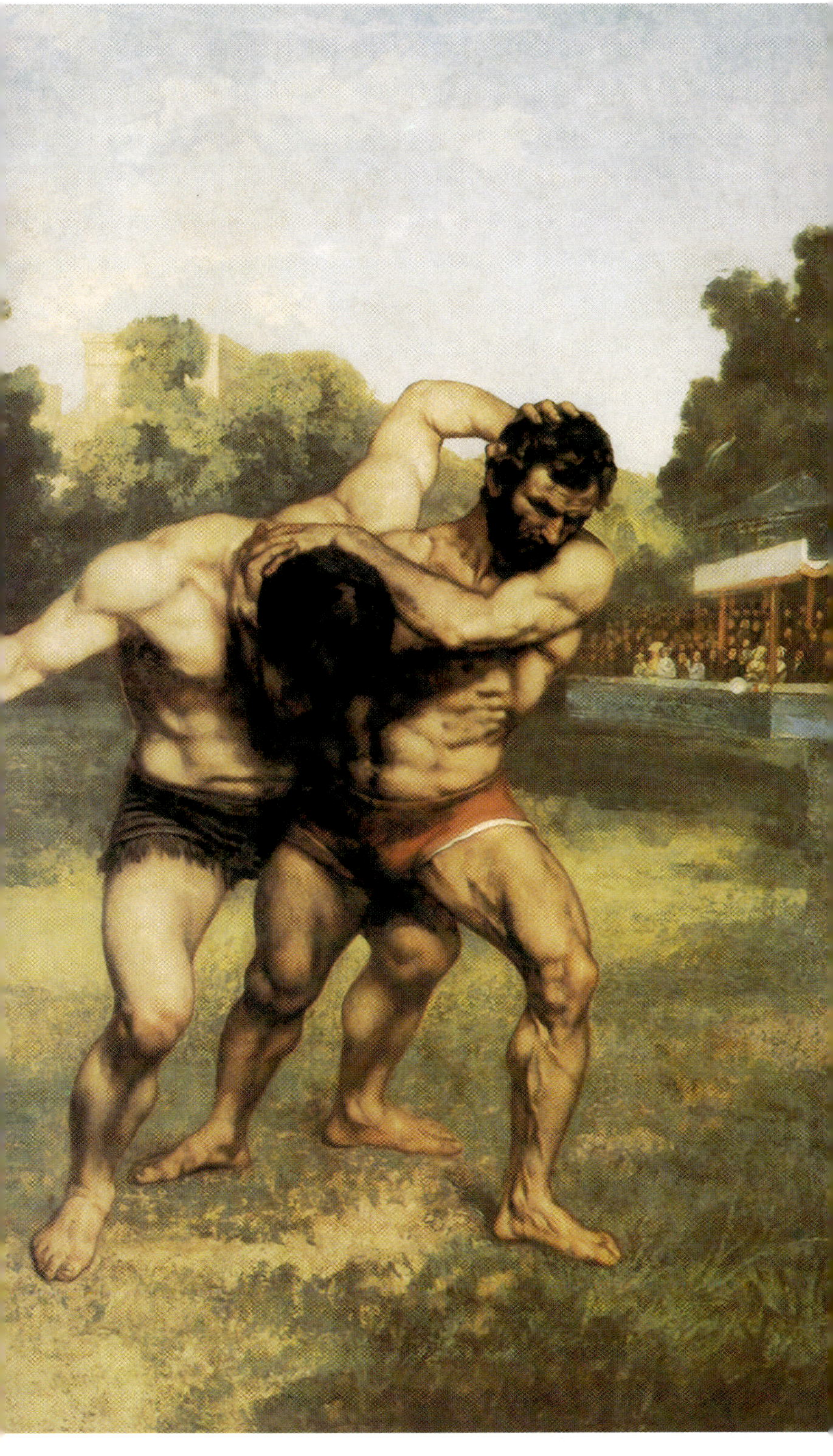

Manet (Édouard).
Voir Impressionnisme

Manifeste.
Voir Réalisme

Marines.
Voir Bord de la mer à Palavas

MÉCÈNES
Le nerf de l'indépendance

Courbet a cherché des solutions aux problèmes posés aux artistes par une organisation des Beaux-Arts trop contraignante (voir Exposer). Déniant à l'État toute autorité sur l'art (voir Indépendance), le mécénat lui apparaissait comme une alternative pour soutenir la création.

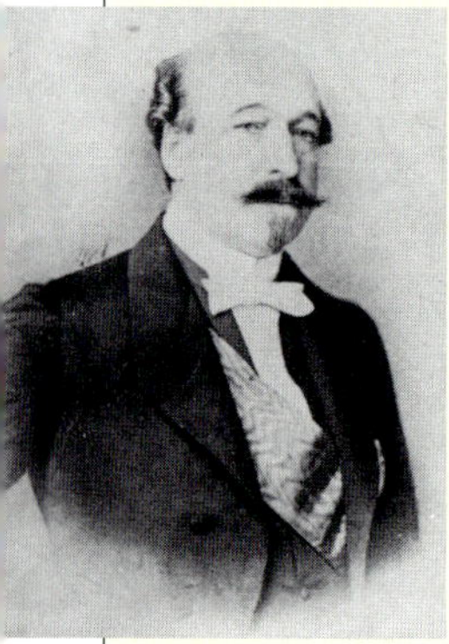

Le Duc de Morny

Il eut plusieurs mécènes qui ont permis chacun l'éclosion d'une part importante de son œuvre. Morny, le demi-frère de l'empereur, qui avait acquis *Les Demoiselles* de village*, fut surtout pour lui un protecteur qui empêcha sans doute le régime de trop entraver sa création. Sans nous attarder sur tous ceux qui ont aidé Courbet, comme par exemple Van Wisselingh, marchand de tableaux d'Amsterdam dont le peintre fit le portrait* en 1846, ou l'avocat Clément Laurier, citons surtout trois noms, Alfred Bruyas*, Étienne Baudry et Khalil-Bey. La collection Bruyas compte treize toiles de Courbet dont des œuvres majeures comme *Les Baigneuses**, *L'Homme à la pipe* (ill. p. 28) et *La Rencontre**. Le nom de Baudry est lié à la Saintonge* où Courbet peignit près de quatre-vingts toiles dont *Le Retour de la conférence* (1863, détruite), et à l'illustration en 1868 du livre *Le Camp des Bourgeois.* Le Turc Khalil-Bey enfin, que Courbet connut par Sainte-Beuve, suscita les nus* les plus beaux et les plus sulfureux du peintre, *Le Sommeil* * et *L'Origine* du monde.* MH

Mère Grégoire

La *Mère Grégoire* est l'un des beaux portraits* de Courbet dans lequel on reconnaît l'influence de la peinture hollandaise, – celle de Hals en particulier –, et celle du Flamand Rubens. On a longtemps cru que le peintre avait représenté Mme Andler, qui tenait avec son mari la brasserie où il prenait ses repas dans les années 1850, près de son atelier de la rue Hautefeuille, et où il rencontrait le gratin du réalisme*. Le nom « mère Grégoire », est aussi une allusion à la célèbre cabaretière du début du siècle qui avait servi à boire à la génération romantique*. Le chansonnier Béranger lui avait consacré l'une de ses chansons les plus connues. Mais Hélène Toussaint, dans un article qui prenait comme point de départ la découverte par Robert Herbert du rapport entre cette chanson et le tableau de Courbet et son analyse du message républicain de l'œuvre, a proposé d'y reconnaître plutôt Henriette Bonion qui serait aussi le modèle de la *Baigneuse** de 1853.

Elle a donné d'autre part une interprétation originale du tableau, selon laquelle Courbet aurait transformé sa *Mère Gré-*

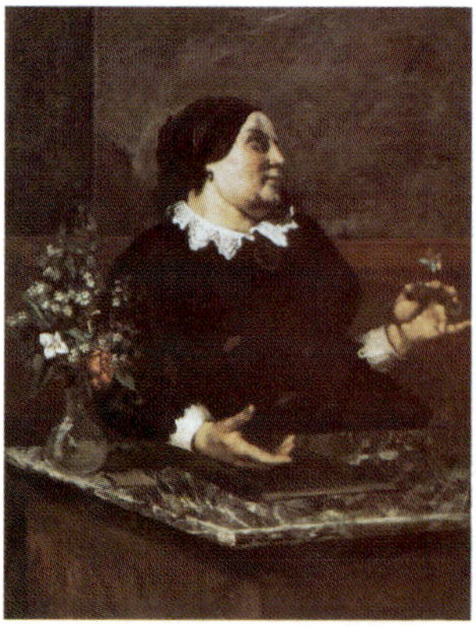

goire en tenancière de maison close et se serait livré à une satire antirépublicaine, satire du moins contre la République de 1849-1850 qui n'avait apporté que des désillusions (voir Seconde République), notamment à Béranger lui-même dont on reconnaît le portrait sur le col du personnage. MH

Millet (Jean-François)

Issu, comme Courbet, d'un milieu de paysans aisés, et républicain comme lui, Jean-François Millet (1814-1875) eut une vie fort différente de celle du peintre d'Ornans. Marié, père de nombreux enfants, il bénéficia de l'amitié d'Alfred Sensier qui joua pour lui le rôle d'agent à partir de 1850, lui fournissant toiles et couleurs en échange de ses peintures. Mais contrairement à Courbet, il reste souvent soucieux d'harmonie et de noblesse classiques.
Millet d'ailleurs ne fréquentait pas le cercle réaliste de Courbet. Installé à Barbizon, il était l'ami de Théodore Rousseau*, Daumier*, Diaz et Barye. Il avait toutefois comme Courbet des détracteurs – dont Baudelaire* – qui lui reprochaient de peindre des figures de paysans à la manière des héros de Michel-Ange ou Poussin. Castagnary*, en revanche, prit la défense des *Glaneuses* (Orsay) en 1857, devenant, avant de connaître Courbet, son champion.
Courbet et Millet se sont probablement influencés l'un l'autre. Ne retrouve-t-on pas la silhouette du *Vanneur* de Millet (1848) dans le jeune homme des *Casseurs* de pierre* l'année suivante ? Ces œuvres,

« Il donne à un paquet de haillons sur un dos courbé un peu de ce style que Michel-Ange prête à ses Parques […] Ainsi donc les glaneuses de M. Millet, laides, vieilles, sales, poussiéreuses, font naître une idée de beauté qui ne vient pas devant telle nymphe, telle baigneuse pétrie de lis et de roses. »

Théophile Gautier, *Salon de 1857.*

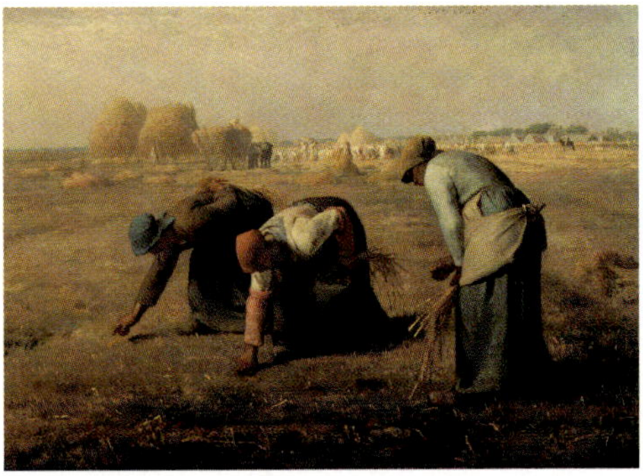

Jean-François Millet, *Les Glaneuses*, 1857. H/t 83 × 111. Paris, Orsay.

de même que *Le Semeur* de Millet ou *Un* enterrement à Ornans*, nées ensemble dans la période révolutionnaire, ont contribué de concert à l'évolution des idées sur l'art. Moins militant que Courbet, Millet était pourtant conscient de la portée critique de ses œuvres, et ne cachait pas sa volonté d'émouvoir en ébranlant les certitudes des nantis. MH

Modernité

Courbet n'est pas devenu « le peintre de la vie moderne » que Baudelaire* appelait de ses vœux dès 1845, et que l'on a reconnu plus tard en Manet ou en Monet (voir Impressionnisme).
Profondément enracinée dans son Jura natal, sa peinture terrienne est restée indifférente à l'épopée des villes* et du machinisme, quoiqu'elle évoque les combats menés pour

Mère Grégoire, 1855. H/t 128,9 × 97,5. Chicago, The Art Institute.

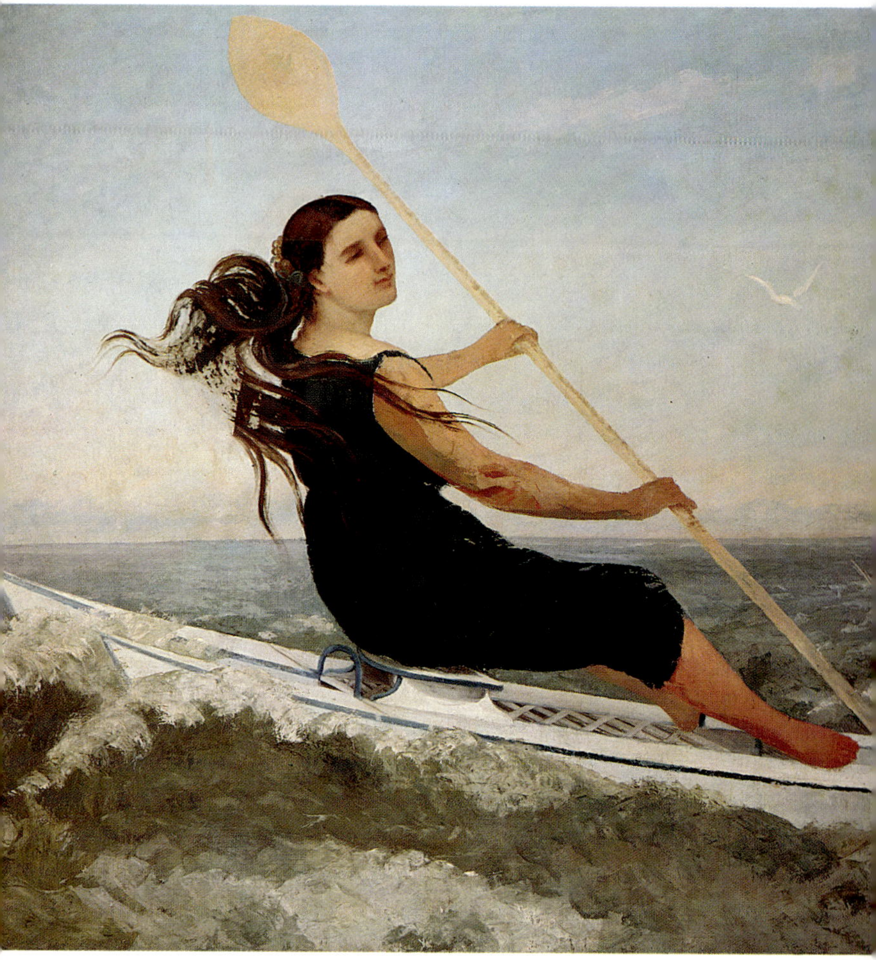

l'entrée du peuple dans l'art (voir Art social). Si Courbet n'a pas représenté tout ce que son époque avait de nouveau, les paysages urbains (on songe au Paris haussmannien), le rythme de la rue, « la trépidation et l'entrecroisement des passants » (Duranty*), du moins a-t-il évoqué dans les *Demoiselles* des bords de la Seine* la vogue toute récente des échappées en banlieue.
De même, le réalisme* exigeait qu'il montrât ses personnages tels qu'ils étaient, vêtus à la mode de leur temps. En particulier les hommes, dans leur fameux habit noir que Baudelaire avait célébré dans son *Salon de 1846* – dans un texte que l'on a rapproché d'*Un* enterrement à Ornans* – alors que les cimaises du Salon semblaient réservées, pour l'éternité, aux pourpoints Renaissance et aux plumets Louis XIII de la peinture troubadour ou romantique*.
Il y avait cependant une sorte d'incompatibilité entre l'art de Courbet et celui que prônait Baudelaire, fondé sur la poétisation du réel. MH

La Dame au podoscaphe, 1865. H/t 173, 5 × 210. Coll. part.

Monet (Claude).

Voir Impressionnisme

Morny (comte de).

Voir Mécènes

■ MORT (PRÉSENCE DE LA)
« La douleur est une bonne chose »

La mort est présente dans plusieurs tableaux de Courbet, notamment dans *Un** *enterrement à Ornans* et dans *La Toilette de la morte* – intitulé *Toilette de la mariée* jusqu'à la démonstration d'Hélène Toussaint –, qui décrivent les usages funéraires de Franche-Comté.
L'*Enterrement* montre un rassemblement de gens d'Ornans autour d'une fosse mortuaire, représentés avec leurs particularismes individuels et locaux. *La Toilette de la morte* illustre un usage très ancien de la région selon lequel, lorsqu'une jeune fille mourait, « ses compagnes la revêtaient d'habits blancs et la couronnaient de fleurs, comme une fiancée ; puis elles se partageaient en sa présence le goûter qui leur était servi à cette occasion ». On peut rattacher ces deux toiles au décès qui a frappé la famille du peintre lorsque celui-ci avait quinze ans, celui de sa sœur cadette Clarisse.
Courbet était une forte nature, peu encline à se lamenter. Il a exposé ses vues sur la mort dans une lettre à son ami Wey*, affirmant que l'on pleure les morts pour soi-même. Courbet toutefois ne refusa pas d'évoquer tragiquement la mort de l'animal dans ses tableaux de chasse*, et dans des natures* mortes qui représentent des truites pendues à un hameçon. MH

La Toilette de la morte, v. 1850. H/t 188 × 251. Northampton, Smith College Museum of Art.

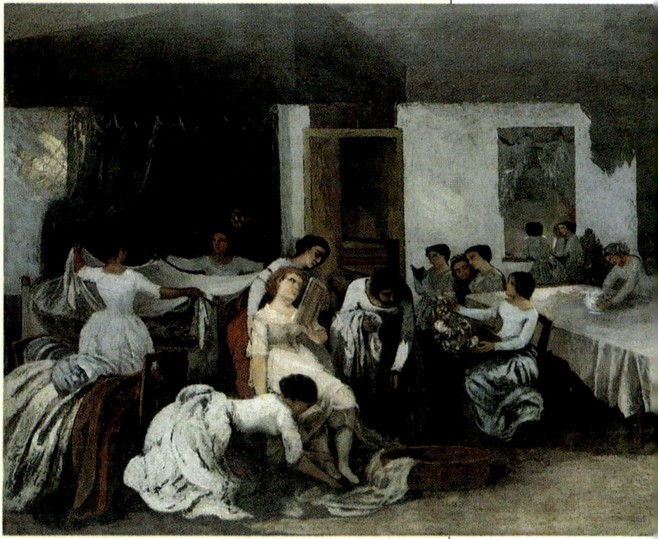

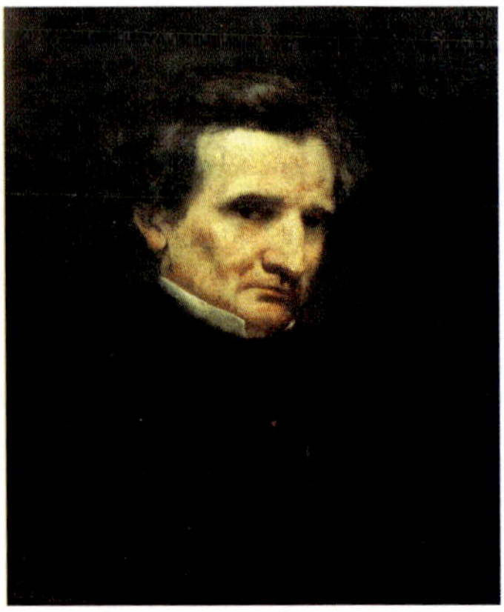

Courbet eut en outre l'occasion de représenter le compositeur Hector Berlioz en 1850 (Orsay) sur une recommandation de Francis Wey*. Mais le musicien, excédé par les prétentions musicales de son portraitiste, ne fut pas satisfait du tableau. MH

Portrait d'Hector Berlioz, 1850. H/t 61 × 48. Paris, Orsay.

Musique

Courbet aimait la musique populaire et il chantait volontiers, de sa belle voix et avec son accent franc-comtois, dans les brasseries ou dans les dîners. Il se piquait de composer des romances et concourut, en 1848, pour *Le Chant populaire donné aux musiciens*, alors qu'il ne participa pas au concours de peinture pour l'allégorie de la République.

À Ornans comme à Paris, le peintre évoluait dans un milieu de mélomanes. Chez lui, on faisait de la musique le soir – lui-même jouait du cor – en chantant de vieilles chansons. Son ami Promayet, qui figure dans *Une* après-dînée à Ornans*, était violoniste.

Champfleury* était musicien amateur, passionné de musique de chambre allemande ; il a d'autre part écrit sur Wagner, tout comme Baudelaire*. Il s'intéressait, ainsi que Max Buchon*, au répertoire populaire (voir Naïveté) et publia en 1860 un ouvrage, *Les Chansons populaires des provinces de France*, pour lequel Courbet donna deux illustrations.

Pierre Dupont* et Gustave Mathieu, dont le peintre a fait les portraits*, étaient chansonniers.

NAÏVETÉ ET ART POPULAIRE
L'horreur de la composition

Le goût de Champfleury* pour l'imagerie et la chanson populaires, fondé sur la recherche de la sincérité dans l'art, rencontra un courant qui se développait lentement depuis le début du siècle, et qui visait à recueillir et à conserver les vieux témoins de l'art et du folklore des provinces.

En 1852 un décret fut pris par Napoléon III sur le rapport du ministre de l'Instruction publique, Hippolyte Fortoul, prescrivant de former un « Recueil de poésies populaires de la France », dont la publication était confiée à une commission composée de Jean-Jacques Ampère, Sainte-Beuve, Mérimée, etc. Ampère cite Montaigne exprimant « le mérite d'une poésie naïve et vraie », et Champfleury parle de la naïveté comme d'une « fleur délicate », composante naturelle de l'œuvre originale. La naïveté d'*Un* enterrement à Ornans*, inspirée de la gravure populaire, était donc une grande qualité. On a rapproché d'autre part la naïveté des peuples et celle de l'enfant qui « voit tout en nouveauté », selon le mot de Baudelaire*. Le suisse Töpffer avait le premier relié l'origine de l'art aux dessins d'enfants. Dans cette perspective on a montré qu'en introduisant deux petits garçons dans *L'Atelier**, en particulier celui qui dessine un bonhomme, Courbet a voulu affirmer que la naïveté est le fondement de la création. MH

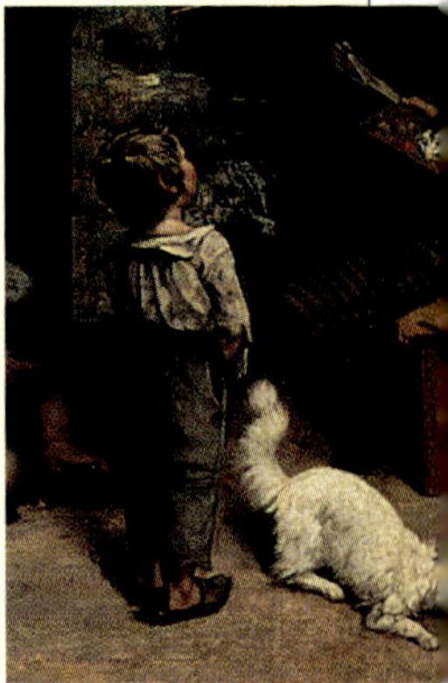

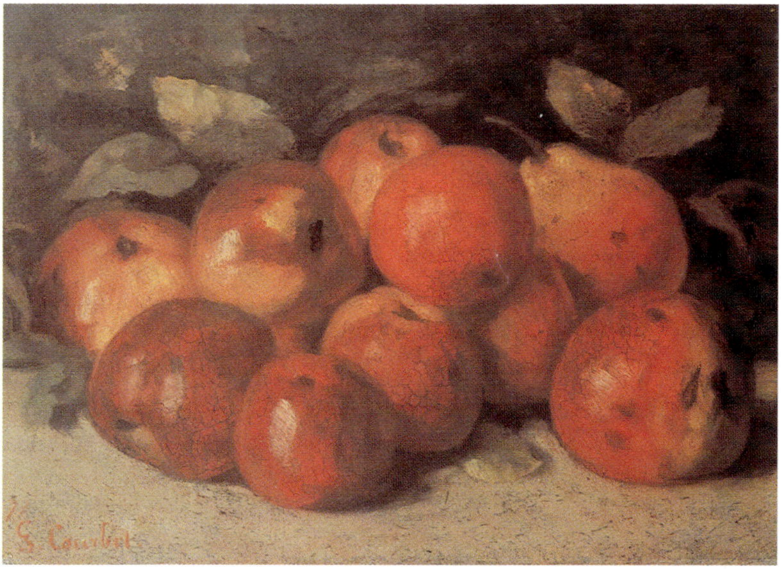

Pommes et poire, 1871-1872. H/t 24 × 32. Philadelphie, The Museum of Art.

Nature. Voir Paysages

Nature morte

Les natures mortes de Courbet constituent un ensemble somptueux qu'il a réalisé à Sainte-Pélagie où il fut incarcéré pour avoir incité au « déboulonnage » de la colonne Vendôme (voir Commune). Certaines d'entre elles, datées de prison, passent toutefois pour avoir été peintes à la clinique du Dr Duval à Neuilly, où le peintre avait été transféré au début de 1872 pour raison de santé. Sa correspondance* à cette époque nous apprend qu'il n'obtint pas l'autorisation de recevoir des modèles pour travailler. Il ne lui restait donc que les fruits et les fleurs*, bien qu'il ait eu un temps le projet d'entreprendre une série sur les ciels de Paris.

Charles Sterling place les natures mortes de Courbet au carrefour des peintures napolitaine et flamande, y relevant de fortes réminiscences de la peinture baroque du XVIIe siècle. Tantôt lyriques par l'amour de la vie qu'elles révèlent, tantôt d'une neutralité qui annonce les recherches les plus avancées sur la forme, la couleur et la densité, ces toiles représentent surtout des fruits, pommes aux tons chaleureux, posées en gros plan sur une table, comme chez Cézanne plus tard, ou même au pied d'un arbre dans un beau paysage*. Courbet date de prison sa fameuse *Truite* – signée « 71, G. Courbet. *In vinculis faciebat* » – (Zurich), image tragique d'un animal pris au piège qui est en elle-même un réquisitoire, alors qu'il l'a probablement peinte un peu plus tard chez ses amis Ordinaire à Maisières. MH

Neige. Voir Paysages

Normandie

Au printemps 1841 Courbet part en Normandie avec son ami Cuénot* à la découverte des monuments gothiques. Un carnet d'esquisses du Louvre retrace la descente de la Seine sur le *Normandie*, les escales au

L'Atelier du peintre (détail), 1855. Paris, Orsay.

port du Havre et à Rouen. C'est au Havre qu'il voit la mer pour la première fois. Il y retourne en 1859 avec son ami Schanne et un groupe de botanistes. Là, dans une vitrine de la ville, il découvre les marines du jeune Boudin dont il fait connaissance et qui l'emmène à Honfleur où il peint quelques toiles. Il passe la fin de l'été 1865 à Trouville, faisant le portrait* de quelques belles estivantes, *La Comtesse Karoly* (Japon), ou les *Trois Anglaises à la fenêtre* (Copenhague), et fixant quelques apparitions comme *La Fille aux mouettes* (New York, coll. part.), ou *La Dame au podoscaphe* (coll. part., ill. p. 80).
En octobre, le peintre Whistler* qui l'a rejoint avec sa maîtresse Joanna Hiffernan (voir Chevelure) représente « Courbet sur le

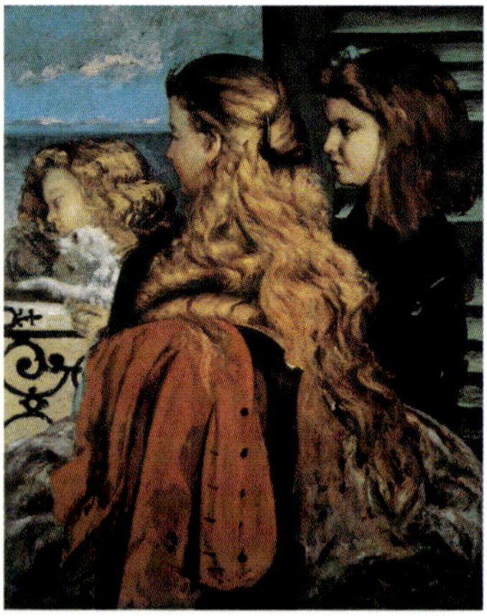

rivage » (*Harmonie en bleu et argent-Trouville,*), face à cette mer dans laquelle il aime nager et dont les reflets l'enchantent.
En 1866 il séjourne à Deauville chez le comte de Choiseul avec Monet* et Boudin ; il est à Étretat en 1867, expose au Havre en 1868, retourne à Étretat en 1869 avec Diaz. C'est là qu'il peint la série des *Vagues** et la *Falaise** *d'Étretat.* MH

Nu

C'est dans le nu que la transgression de Courbet s'est manifestée avec le plus d'éclat et l'on peut considérer *Les Baigneuses** et *Les Lutteurs** de 1853 comme les fondements de la nouvelle peinture. Au XIXe siècle en effet s'est joué dans la représentation du nu l'acte principal d'une révolution picturale qui mène au XXe siècle et dont les acteurs principaux furent Courbet et Manet*. Leur dialogue dans les années 1860 pousse d'œuvre en œuvre un peu plus loin les limites du représentable (jusqu'à l'*Origine* du monde*). Rejetant l'idéal des nus lisses de la peinture académique*, pastichant les thèmes de la mythologie et de la Renaissance, les deux peintres ont redonné un sexe à la nudité tout en introduisant la femme* moderne dans l'art.
Les femmes nues de Courbet sont cependant souvent endormies ou rêveuses*, tandis que celles de Manet fixent le spectateur droit dans les yeux. De dos, *La Source* de Courbet (1868, Orsay) et sa *Dame de Munich* (1869, Cologne), autorisent les regards mais établissent une distance entre le modèle et le spectateur, distance qui disparaît dans quelques cas, *La Femme au bas blancs* (1861, Fondation Barnes) ou le *Nu au ruisseau* du Caire (1862), d'esprit plus libertin. Les nus les plus sulfureux de Courbet sont ceux qu'il peignit pour son mécène* Khalil-Bey, *Le Sommeil** en particulier. MH

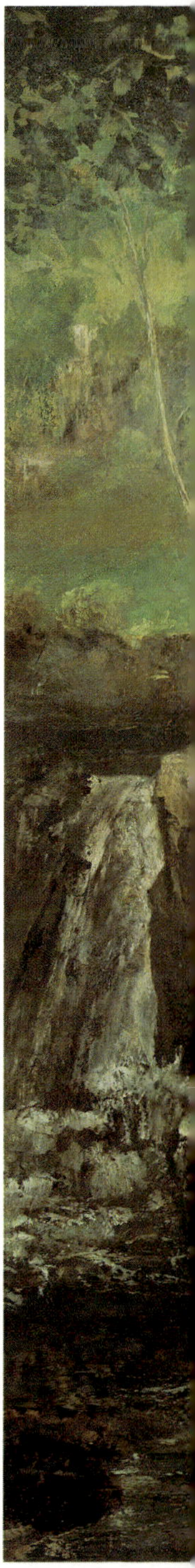

La Source, 1868. H/t 128 × 97.
Paris, Orsay.

Trois Anglaises à la fenêtre, 1865.
H/t 92 × 73. Copenhague,
Ny Carlsberg Glyptothek.

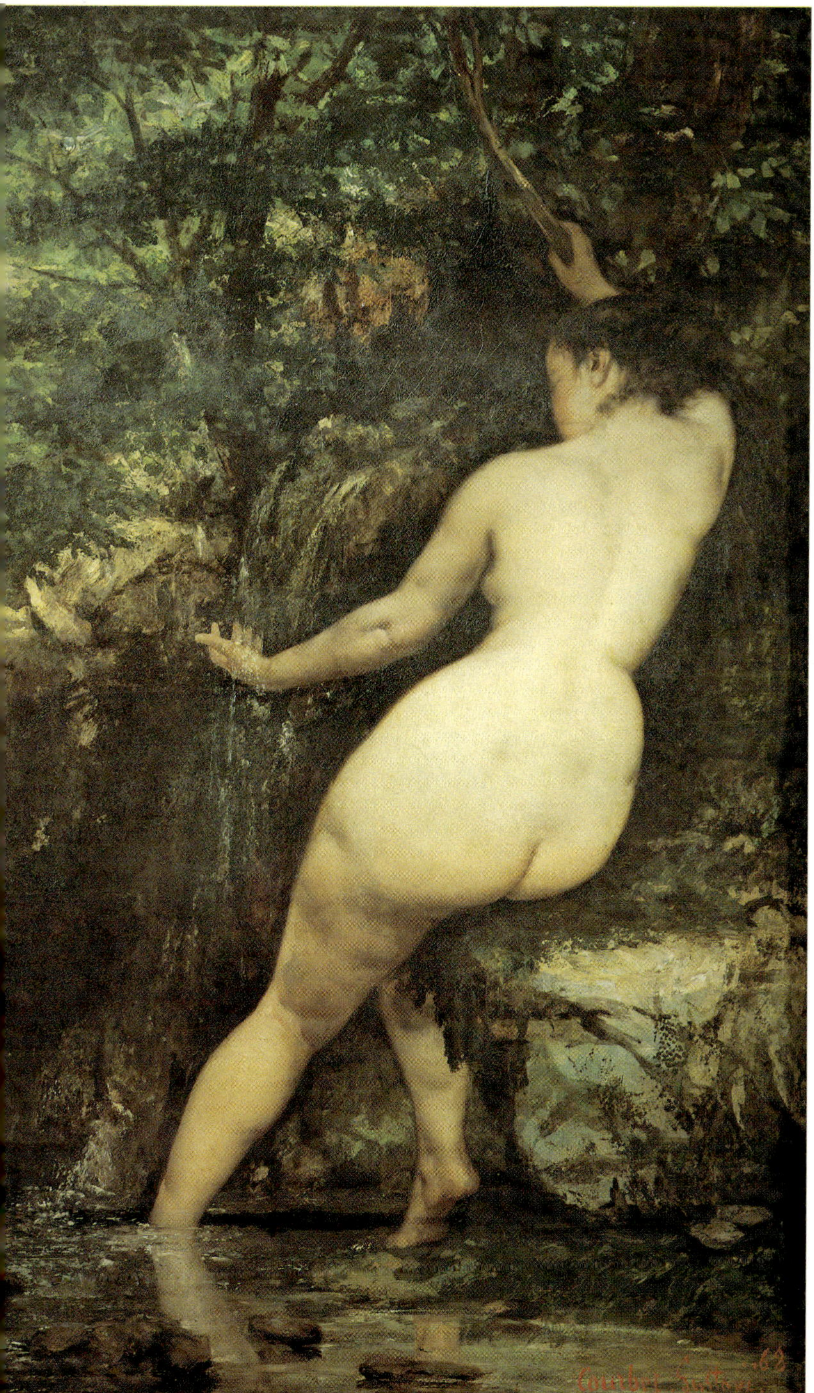

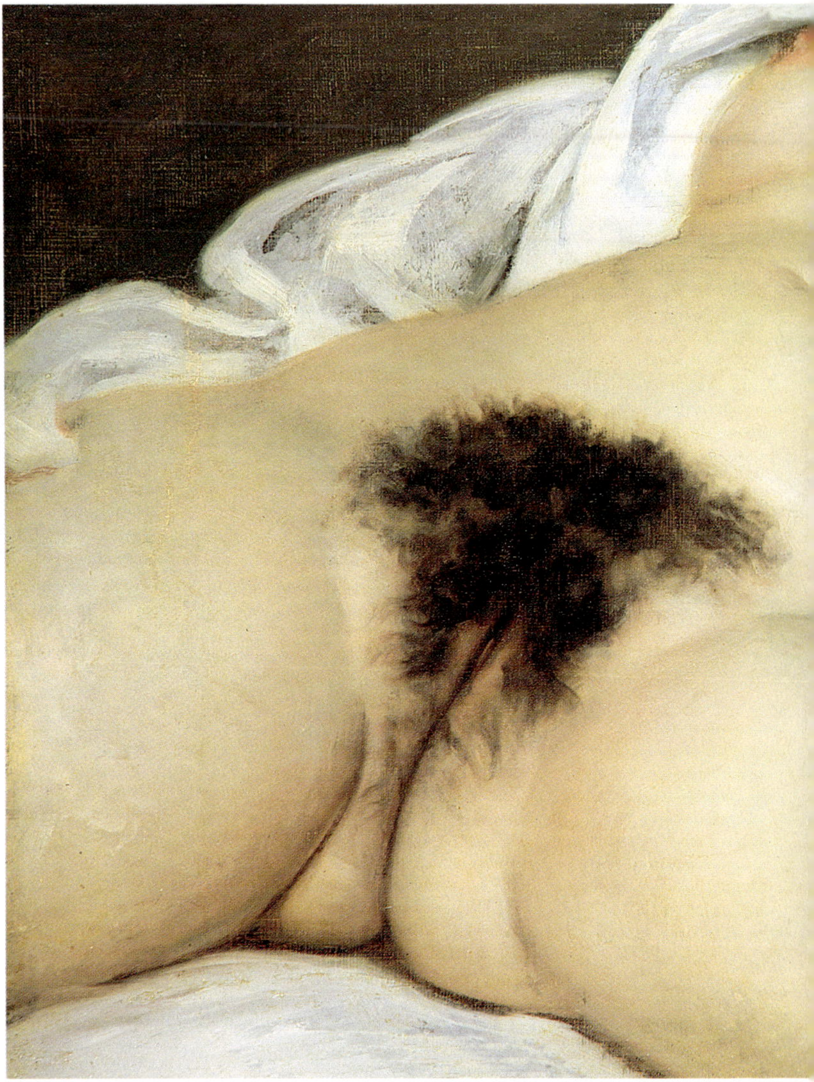

L'Origine du monde

1866. H/t 46 × 55
Paris, Orsay.

Entré par dation au musée d'Orsay, *L'Origine du monde* est accroché dans la salle Courbet sans voile ni dispositif de protection, si ce n'est un verre épais. Tableau mythique que peu d'élus avaient pu voir jusqu'alors, il ne cèle rien du sexe féminin qu'il représente, mais s'entoure d'obscurité quant à son histoire.

On sait qu'il fut peint pour un diplomate turc, Khalil-Bey, que Sainte-Beuve avait conduit chez Courbet. Ce

ORIGINE DU MONDE

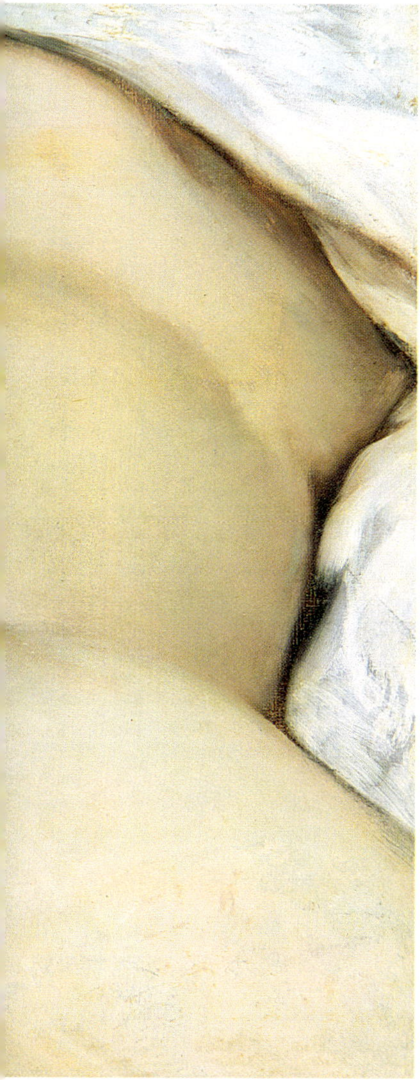

riche oriental avait constitué une belle collection de peinture ancienne et moderne dans laquelle les nus* de Courbet et d'Ingres (*Le Bain Turc*, notamment) occupaient une place de choix. Mais on ignore comment le peintre réaliste et l'ambassadeur ottoman en vinrent à concevoir ce tableau ; on ne sait pas d'où il tient son titre, et l'on sait peu de choses de ses propriétaires successifs. En 1889 Edmond de Goncourt* le vit chez un antiquaire, recouvert d'un panneau sur lequel était peint un château ou une église dans un paysage de neige. Vers 1910, selon Robert Fernier, le baron de Havatny l'acheta chez Bernheim jeune et le conserva à Budapest jusqu'à la Seconde Guerre mondiale. En 1955 enfin, l'actrice Sylvia Bataille et le psychanalyste Jacques Lacan en firent l'acquisition. Ils le cachaient sous un panneau d'André Masson dans un dispositif qui fermait à clé. Il fut exposé pour la première fois, en 1988, au Brooklyn Museum à New York et le public put enfin voir ce morceau de corps, peint comme un Corrège selon Goncourt, mais qui avait tant choqué Maxime Du Camp.

Quelle que soit sa genèse, objet secret de vénération d'un mécène* luxurieux, ou sorte d'ex-voto offert par un homme atteint de la syphilis, le fragment* peint par Courbet a modifié en profondeur le champ de la peinture. En renouant avec le geste archaïque du peintre dessinant un emblème féminin sur une paroi, il mettait un point final à la quête latente des artistes du XIXe siècle en révélant d'un coup la partie cachée de l'*Olympia* de Manet, constituant comme le morceau du puzzle qui manquait à la peinture du Nu en général. *L'Origine du monde* fascine car elle renvoie aux mythes les plus anciens et à la psychanalyse ; elle est au cœur de toute réflexion sur la représentation. MH

ORNANS
Les Courbet, une famille enracinée

La grande particularité de Courbet est que, malgré son profond enracinement dans son terroir de Franche-Comté et surtout dans son village d'Ornans, il n'a jamais été considéré comme un peintre folkloriste. Causant un scandale en étalant sur grand format les us et coutumes de sa province (voir Hiérarchie des genres), il imposa d'emblée son talent révolutionnaire, et infléchit dans son sens l'art de son temps.

Les Francs-Comtois formaient clan à Paris, au XIXe siècle, depuis que Charles Nodier, né à Besançon, avait ouvert son salon de l'Arsenal à ses compatriotes. Ils étaient fiers de compter dans leurs rangs Proudhon* et tant d'autres phares de l'époque, Victor Hugo lui-même qui, né par hasard à Besançon, se proclama toujours du pays. La petite commune d'Ornans s'enorgueillit elle aussi, à la fois d'un passé de liberté et de privilèges, et d'une tradition républicaine.

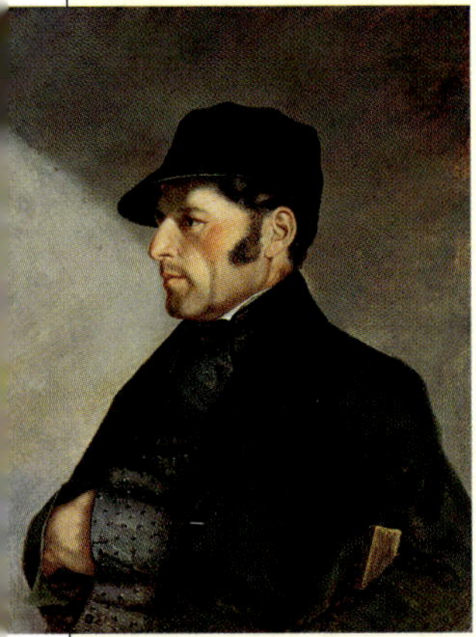

C'est là que Courbet est né au sein d'une famille aisée, possédant de la terre. L'historien Jean-Luc Mayaud a montré l'implantation des Courbet dans la région, à Ornans et Flagey, en soulignant leur ascension sociale sur trois générations. Régis Courbet, le père du peintre, le plus gros propriétaire de Flagey, était électeur censitaire sous Louis-Philippe. Du côté de sa mère, chez les Oudot, quelques membres de la famille s'étaient déjà distingués. On cite un grand-père général et des juristes dont un cousin, condisciple de Sainte-Beuve, qui était un éminent professeur de droit à Paris. Courbet a représenté ses proches et les gens d'Ornans. Mais il a surtout peint, inlassablement, la campagne ornanaise, la forêt jurassienne, la Loue* et ses gorges (voir Paysages). MH

Paysages

On loue l'instinct de Courbet paysagiste, son sens inné du cadrage et la précision de son observation. Son amour du pays natal lui a, semble-t-il, donné la clé de la nature en général, avec laquelle il entretient une relation d'intimité. On a noté toutefois le silence des paysages de Courbet qui « marmorise » (C. Lemonnier) tout ce que touche son pinceau. C'est que les plateaux du Jura, les forêts de sapin ensevelies sous la neige pendant les longs hivers, ont appris à Courbet à respecter le silence de la nature, et à communier avec elle avec un sentiment épique du cosmos.

On a analysé les fils qui rattachent Courbet à sa terre : liens économiques et sociaux, intérêt pour les travaux sur la géologie, la botanique, l'histoire et l'archéologie de la région. Ainsi, *Le Chêne* de Flagey* évoquerait les débats sur le site d'Alésia.

Peignant parfois à Fontainebleau avec les peintres de Barbizon, Courbet a contribué à la révolution qu'ils ont opérée en imposant la peinture sur le motif et la représentation du paysage pour lui-même. Mais il a peint surtout les environs d'Ornans, revenant toujours à sa rivière, la Loue* dont il a montré la source sous tous les angles.

Lors de son exil* en Suisse, Courbet peignit surtout des paysages, dont une belle série sur le château de Chillon (ill. p. 60), forteresse où avait été emprisonné Le Tasse, selon un poème de Byron illustré par Delacroix. MH

« Depuis mon arrivée j'ai repris mon travail avec mon acharnement habituel »

Courbet à ses parents,
fin 1845-début 1846.

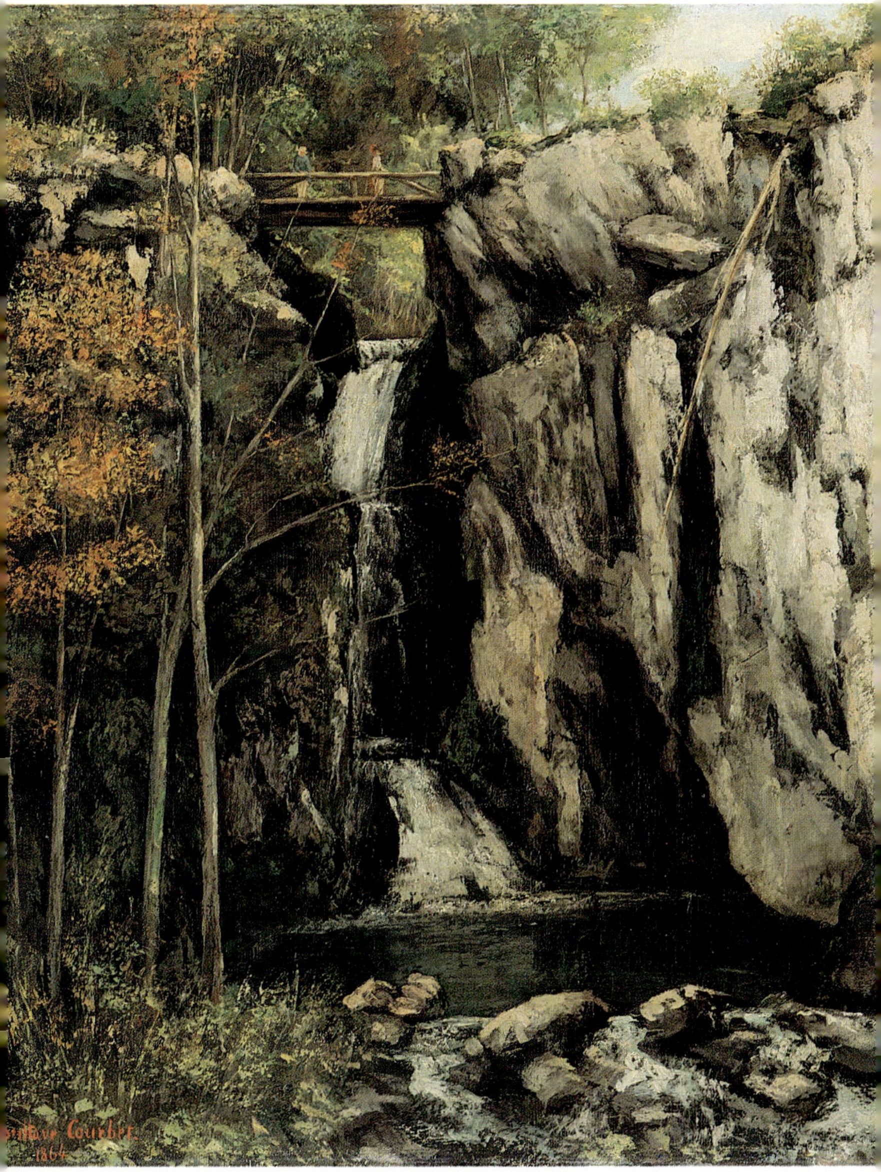

Paysans de Flagey revenant de la foire (Les)

Dans le récit de sa vie que Courbet nous livre au fil de ses œuvres, *Les Paysans de Flagey revenant de la foire* constitue un portrait circonstancié de son père, paysan et propriétaire à Flagey et Ornans*, dans lequel transparaît le respect d'un fils fier de ses origines.

On est frappé par la noblesse de Régis Courbet dans sa blouse, assis très droit sur son cheval, comme s'il posait pour

Le Gour de Conches, 1864. H/t 70 × 60. Besançon, musée des Beaux-Arts.

Régis Courbet, v. 1840. H/t 73 × 59. Coll. part.

une photographie*, son haut chapeau accentuant encore son port de tête.
Courbet a exposé cette grande toile au Salon de 1850-1851, avec *Un* enterrement* et les *Casseurs* de pierre*, confirmant ici son désir de « coller » à la réalité. Même si en 1855 Courbet reprend son tableau pour en corriger le « défaut de perspective », il n'atténue qu'à peine son aspect d'image populaire aux juxtapositions heurtées de personnages et d'animaux. On notera la double dynamique du tableau, le mouvement de la colonne et celui de l'homme au premier plan s'exaltant l'un l'autre. Le cochon qui déambule latéralement vaut manifeste d'un art qui ne s'embarrasse d'aucune convenance. Proudhon admirait la vérité et la naïveté* de la scène, expliquant que sous un « *réalisme** aux apparences vulgaires » se cachait une description sociologique et politique* de la paysannerie du Jura en 1830, image de la France du « juste milieu » dans laquelle a pris racine la génération de 1850. MH et SG

Photographie

Courbet s'est intéressé à la photographie, posant pour Nadar et Carjat à maintes occasions, se servant, semble-t-il, et à plusieurs reprises, de clichés (ceux de Vallou de Villeneuve par exemple) pour élaborer ses tableaux.
On a pu rapprocher ainsi certains nus*, comme ceux des *Baigneuses**, de *L'Atelier**, de même que *La Femme* au perroquet*, et même *L'Origine* du monde*, de photographies de l'époque. Le peintre, pour certains portraits*, eut également recours à cette technique naturaliste, qui correspondait à son désir de reproduire la réalité fidèlement et sans emphase. Il envoya Reutlinger photographier Proudhon*, suivant ses indications, lorsque celui-ci était trop occupé pour pouvoir poser.
Il a par ailleurs probablement utilisé une photographie d'Adolphe Braun, pendant son exil* en Suisse, pour l'une des

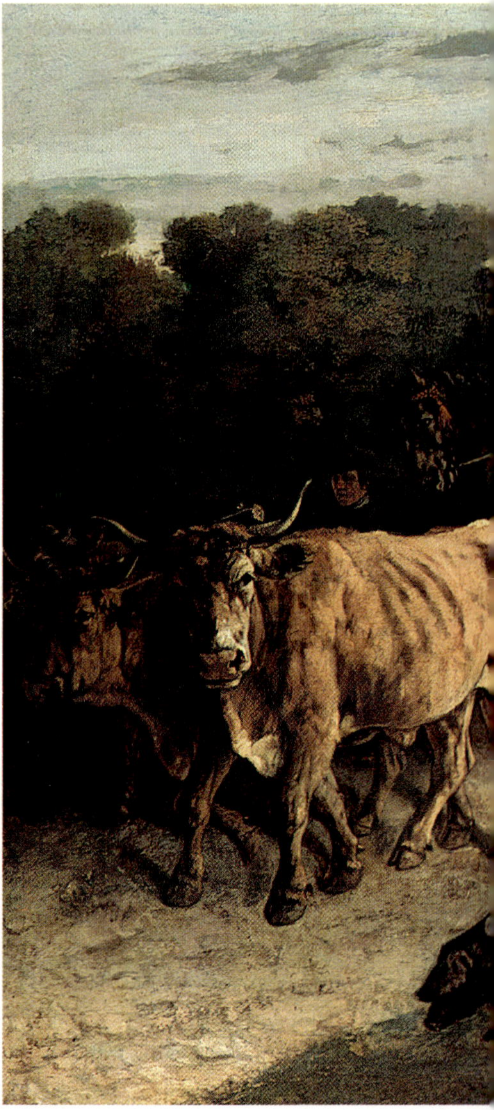

Les Paysans de Flagey revenant de la foire, 1850 et 1855.
H/t 206 × 275.
Besançon, musée des Beaux-Arts.

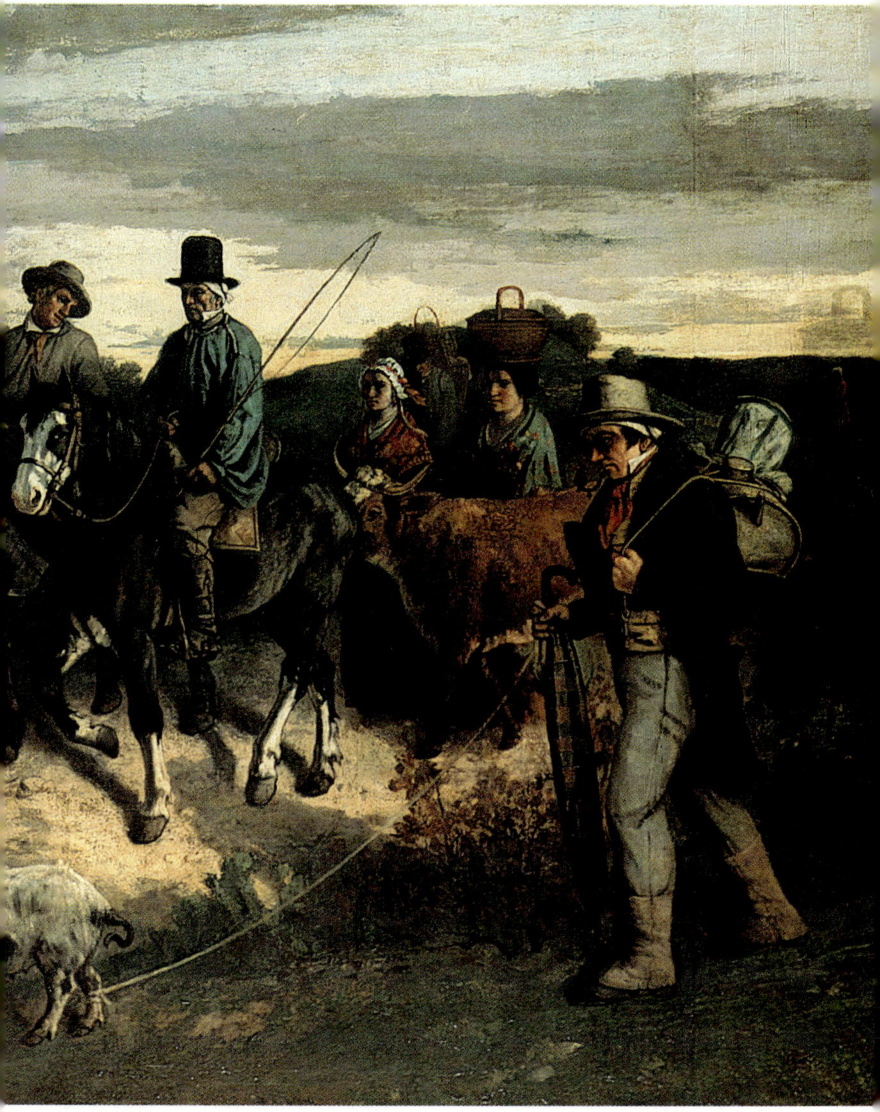

« Il n'est pas encore temps de dire l'impression que produiront ces scènes domestiques, grandes comme des tableaux d'histoire [...] L'époque des plumets est passée, beaucoup regrettent les costumes de Van Dyck ; mais M. Courbet a compris que la peinture ne doit pas tromper les siècles futurs sur notre costume. »

Champfleury, 1850.

versions du *Château de Chillon.* De manière générale, A. Scharf a souligné la similitude des points de vue entre les paysages* et les marines* de Courbet et ceux des photographes du milieu du siècle, en particulier Gustave Le Gray. MH

Podoscaphe (La Dame au). Voir Modernité

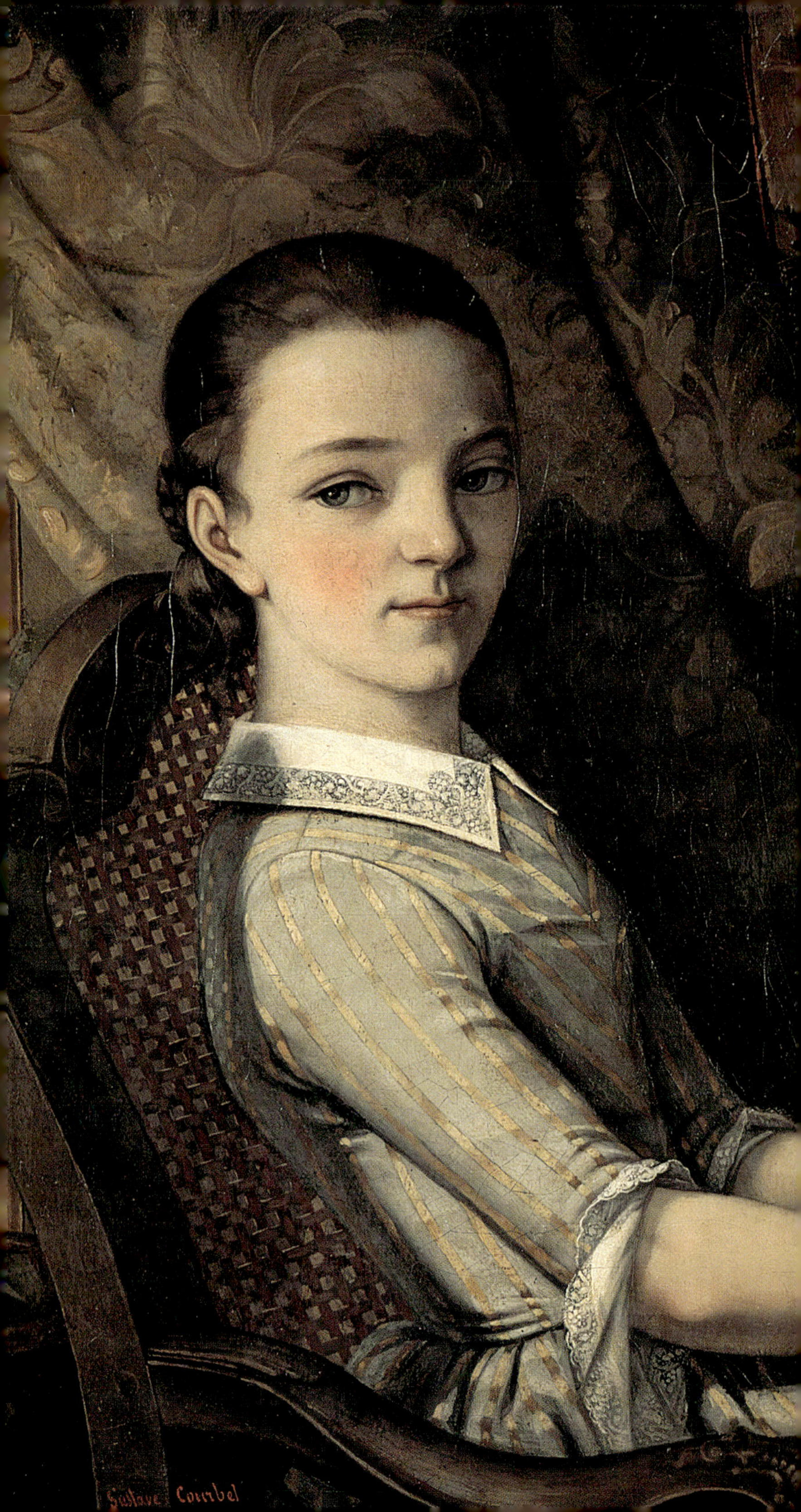
Gustave Courbet

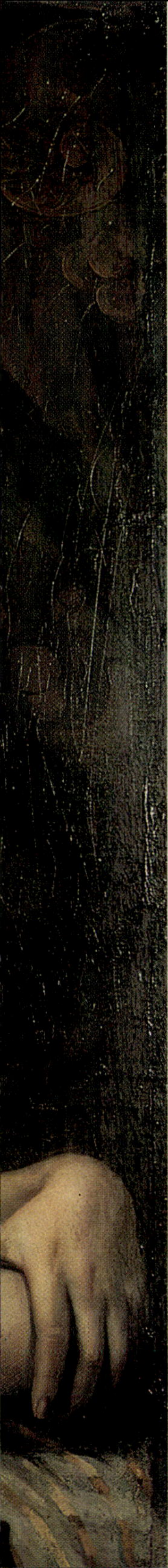

POLITIQUE
Du socialisme humanitaire à Proudhon

On pourrait définir les opinions politiques de Courbet en citant simplement les noms des amis écrivains et théoriciens dont il exécuta les portraits*. Ainsi se dessinerait un bel échantillon des membres de l'opposition de gauche sous le Second* Empire, à l'exception de Baudelaire* et de Champfleury*, qui s'exclurent du cercle de Courbet à mesure qu'il se marquait davantage. Au centre de cet ensemble il faut faire une place à part à ses compatriotes, Max Buchon* et Pierre-Joseph Proudhon (présents dans *L'Atelier**), qui furent tous deux persécutés sous l'Empire. Les théories utopiques de ces deux phares francs-comtois ont nourri l'idéologie de maints jeunes socialistes de la génération de Courbet. Le peintre fit un portrait posthume de Proudhon en 1865, rendant plutôt hommage au défenseur des valeurs simples et familiales qu'à celui qui avait proclamé que « la propriété, c'est le vol ».
Courbet se définissait lui-même comme un « républicain de naissance » ayant suivi en 1840 « les socialistes de toutes sectes », les fouriéristes comme les partisans de Pierre Leroux, qui défendait un socialisme « humanitaire ». Il mêlait dans son combat sa lutte contre « l'idéal » en art et son aspiration démocratique (voir Art social). Il haïssait les Bonaparte – Napoléon III est pourtant représenté dans *L'Atelier* – mais plus encore l'Académie*. À la Commune*, on lui confia de hautes responsabilités artistiques, mais, profondément pacifique, il ne supporta pas l'évolution violente du mouvement. MH

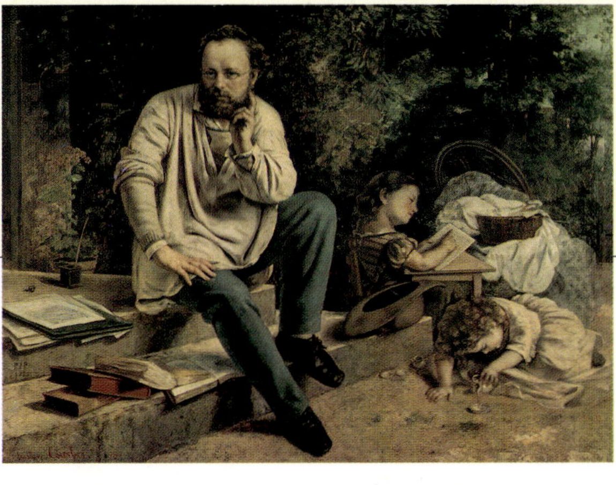

Populaire (art).
Voir Naïveté

Portrait
Contemporains de la photographie*, les portraits de Courbet s'y rattachent par les cadrages, l'utilisation de l'opposition clair/sombre, et la probité du regard de l'artiste. Ne représentant que des gens qu'il aimait, le peintre était d'une honnêteté

Pages précédentes : *Portrait de Juliette Courbet*, 1844. H/t 78 × 62. Paris, Petit Palais.

Portrait de Pierre-Joseph Proudhon en 1853, 1865. H/t 147 × 198. Paris, Petit Palais.

parfaite, cherchant à faire connaître ceux qu'il peignait sans user de subterfuges pour obtenir le meilleur d'eux-mêmes. Peut-être faut-il interpréter les difficultés qu'il eut à finir le portrait de Baudelaire* comme l'indice du fait que le poète ne s'était pas vraiment livré à lui ? Autre exception, Berlioz (voir Musique), qui lui fut amené par son ami Francis Wey*, et qui fut prodigieusement irrité par les manières d'un peintre qui se piquait de connaître la musique et de lui enseigner des airs ! Les portraits (et les autoportraits*) se succèdent dans l'œuvre de Courbet, ceux des siens, d'abord : ses sœurs (*Portrait de Juliette Courbet*), son père (v. 1840, Boulogne-sur-Seine, coll. part.), ses amis de jeunesse dans *Une* après-dînée à Ornans* ; ceux des premiers amis parisiens qu'il réutilisera dans *L'Atelier** ; de quelques excentriques, *Jean Journet** ou *Marc Trapadoux** (Troyes) ; de femmes* enfin, énigmatiques parfois, comme *L'Amazone* (1856, New York), ou bien connues, magnifiques, comme *Jo, la Belle Irlandaise* devant son miroir (v. 1865, ill. p. 49), ou encore pleines de gentillesse, comme *Euphrasie Proudhon* (1865, Orsay). MH

PROTORÉALISME
Leleux et la beauté du haillon

Dans le premier feuilleton qu'il consacre au Salon de 1850-1851, Gautier (voir Réception) au vu des envois de Courbet, Millet*, mais aussi de Breton, Antigna*, Lacoste – dont les sujets rappellent les misères populaires – perçoit le changement qui s'est amplifié depuis 1848 dans l'« image » du peuple : « on voit poindre une école réaliste démocratique, pour qui les *Paysans* de Leleux, sont des aristocrates ; cette école, ou plutôt ce système prêche la représentation exacte de la nature dans toute sa trivialité, sans choix ni arrangement, avec la fidélité du daguerréotype ». Il y aurait donc eu un réalisme* avant Courbet, qui en serait presque la dérivation outrée et politiquement* plus subversive.

De fait depuis le début des années 1840 la critique se plaît à regrouper un certains nombre de peintres (Hédouin, Fortin, Luminais, etc.) autour de la figure d'Adolphe Leleux (1812-1891) qui enthousiasme le public parisien avec de petites scènes rapportées de ses voyages en Bretagne ou dans les Pyrénées. Le régionalisme romantique*, toutes idéologies confondues, exaltait de longue date l'exemple de ces populations censées échapper au factice de la civilisation moderne* et au désordre social, et préserver « la vérité originelle de la nature humaine » (P. Le Nouëne) dans leurs coutumes, comportements et langages. La rudesse d'aspect et d'expression devient vertu, gage d'honnêteté, voire comme George Sand* y insistera, signe d'une nature poétique non viciée. C'est précisément cette sainte grossièreté que la première école réaliste célèbre d'une manière qui passa un temps pour saisissante. Parlant en 1846 de Leleux et de son souci de vérité, le critique de *L'Illustration* en marque involontairement les limites : « Ce qu'il aime c'est la laideur* vigoureusement accentuée, les traits heurtés, les teints hâlés par le soleil, les haillons qui ont une tournure pit-

Proudhon (Pierre-Joseph).

Voir Politique

Puits Noir (Le)

La première représentation du site que montre publiquement Courbet est le tableau présenté à l'Exposition universelle de 1855. La version d'Orsay figura au Salon de 1865 et fut achetée l'année même par le surintendant des Beaux-Arts, le comte de Nieuwerkerke pour Napoléon III (voir Second Empire).
Les contemporains n'ont pourtant pas tous été tendres avec ce tableau hardiment brossé de bruns, de verts et de gris. Écrivant à Bruyas*, un certain Laurens ironise : « Son *Proudhon* et son *paysage** actuels ne dépassent guère la portée artistique du maçon de village qui, un beau matin s'improviserait peintre en amateur. »
Courbet ne lui aurait pas donné tort qui annonçait à Luquet en janvier 1865 avoir engrangé durant l'année précédente quelques « paysages sauvages ». La nature comtoise, est-ce d'ailleurs autre chose pour lui qu'une réserve d'énergie primordiale, l'image sensuelle, adéquate des forces instinctives dont l'art véritable est

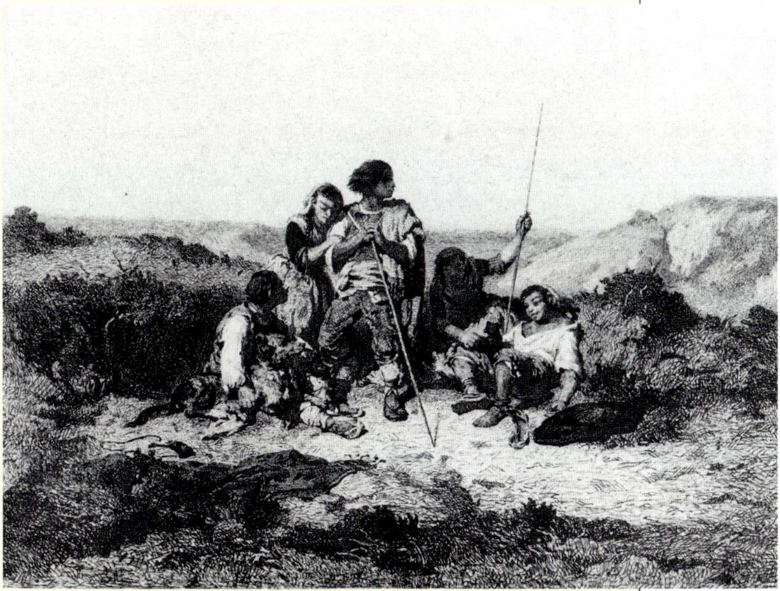

Adolphe Leleux, *Les Petits pâtres espagnols*, 1847. Gravure de Charles Chaplin.

toresque. » Si la peinture de Courbet après 1848 trahit bien souvent cette foi dans l'énergie vitale qui aurait déserté les existences citadines, elle tranche sur le protoréalisme régionaliste et sa sentimentalité idyllique, sa fidélité aux conventions de la peinture de genre. Où Leleux découvre le bonheur naïf* des simples, Courbet peint un monde qui n'ignore ni la dureté du travail* ni les différences sociales. Un monde plus soudé néanmoins, l'exemple embryonnaire d'une société « autre ». SG

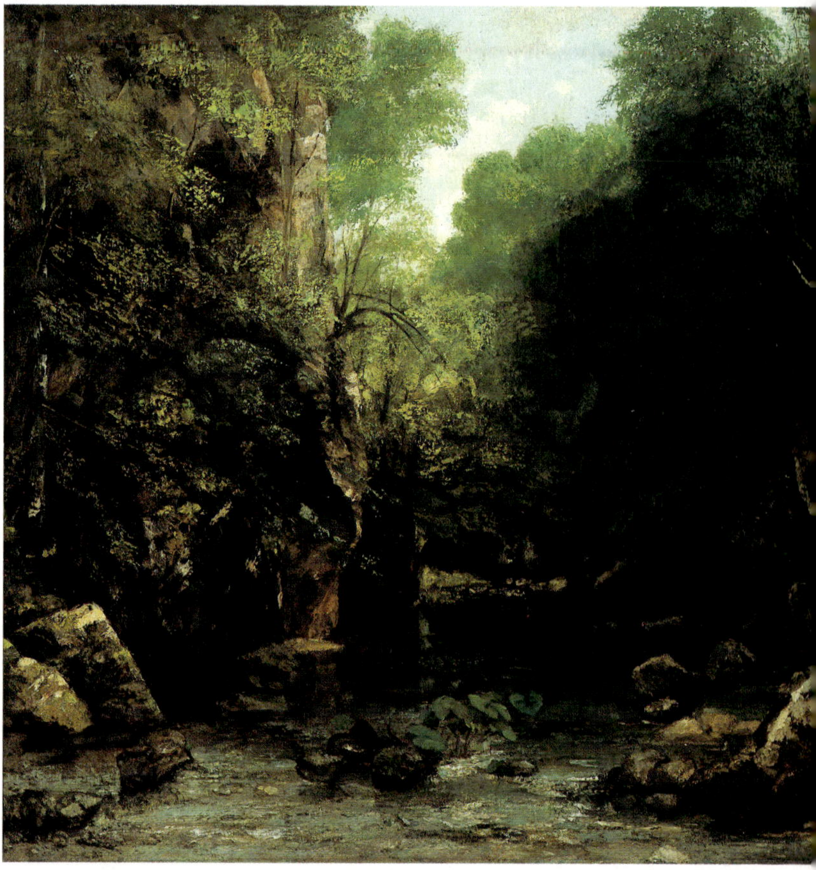

inséparable ? Le Puits Noir tient sa place parmi ces lieux typiques des environs d'Ornans que Courbet présentait au public parisien comme autant de symboles de sa province et de l'harmonie perdue des sociétés modernes*.
Entre les rochers amoncelés et les arbres qui la couvrent, la Brême s'écoule lentement, depuis toute éternité. Cadré au plus près de la cime des arbres, le tableau n'ouvre qu'un étroit puits de lumière, suffisant néanmoins pour donner à cet encaissement édénique son miroitement humide. Cézanne, qui a si bien compris Courbet, n'est plus très loin. SG

Le Ruisseau couvert ou *Le Puits Noir*, 1865. H/t 94 × 135. Paris, Orsay.

Réalisme

Courbet a défini sa conception du réalisme* en peinture – qui a précédé le réalisme en littérature – dans le manifeste qu'il publia en tête du catalogue de son exposition* particulière de 1855. Deux points en ressortent : la recherche de sa « propre individualité », à travers la connaissance de la tradition, et la volonté de traduire « les mœurs, les idées, l'aspect de [son] époque, selon [son] appréciation ». Courbet voulait changer la peinture, par une action dirigée contre l'enseignement académique* développant un art illustratif et décoratif souvent au service de l'État (voir Indépen-

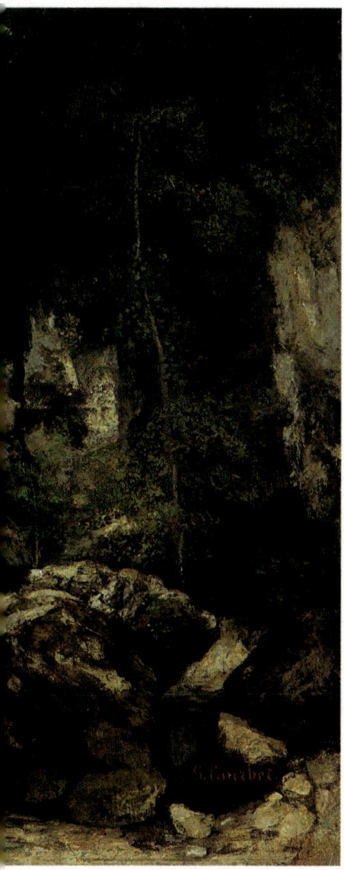

dance). En choisissant de porter sur grand format des scènes actuelles et des personnages communs pour montrer que ses contemporains étaient aussi importants que les héros du passé (voir Hiérarchie des genres), cherchant en Franche-Comté ce que Baudelaire* appelait « l'héroïsme de la vie moderne* », il provoqua une rupture dans l'art de son temps. Il fut aidé dans sa tâche par ses compagnons critiques et hommes de lettres, Champfleury*, Buchon*, Castagnary* et Wey*. Mais si la peinture de Courbet se rattache au grand courant réaliste qui traverse l'art, depuis les frères Le Nain et Chardin, en passant par la Hollande*, l'Espagne, ou l'Italie du Caravage, il n'en reste pas moins spécifique, et lié avant tout à son époque. En réaction contre les abus de la peinture romantique*, il s'est nourri des idées de la philosophie positiviste, et des revendications politiques* d'une classe montante aspirant à la démocratie. MH

RÉCEPTION
Courbet face à ses critiques

L'art de Courbet a tellement perturbé la critique de son temps qu'il arrive qu'on juge la valeur de tel ou tel critique sur l'accueil qu'il a réservé à ce peintre en rupture avec les modes représentatifs en vigueur. Certains historiens considèrent par exemple que Gautier s'est discrédité en passant à côté du réalisme*. L'écrivain, qui n'acceptait en art le réel qu'expressif, ne pouvait admettre sans réserve une peinture si prosaïque d'aspect au-delà du talent qui s'y déployait. Reste qu'il réclama une médaille pour le peintre à l'issue du Salon de 1851 et qu'il sut s'enthousiasmer pour ses paysages. De même Baudelaire*, qui a fourni à la critique d'art ses lettres de noblesse, et qui connaissait bien le maître d'Ornans, a très peu parlé de son ami de jeunesse, ne donnant pas suite à son projet d'article de 1855 sur le réalisme de Courbet et de Champfleury*, « Puisque Réalisme il y a ».
Deux clans s'opposaient à chaque envoi du peintre au Salon, les conservateurs, qui ne voulaient voir dans ses œuvres qu'une plate copie du réel aux antipodes de l'art, et les novateurs, Champfleury à leur tête, qui pratiquait lui-même une littérature fondée sur l'observation de la réalité. Parmi les défenseurs de Courbet, il faut citer Sabatier*, qui écrivit un intéressant *Salon de 1851*, Castagnary, qui organisa la première rétrospective de son œuvre après sa mort à l'École des beaux-arts en 1882, Zacharie Astruc, Edmond About. On trouve le reflet de ces conflits dans la caricature de l'époque, *Les Salons* de Cham ou ceux de Daumier*, et les dessins de Bertall, d'André Gill et de maints autres humoristes. MH et SG

RENCONTRE

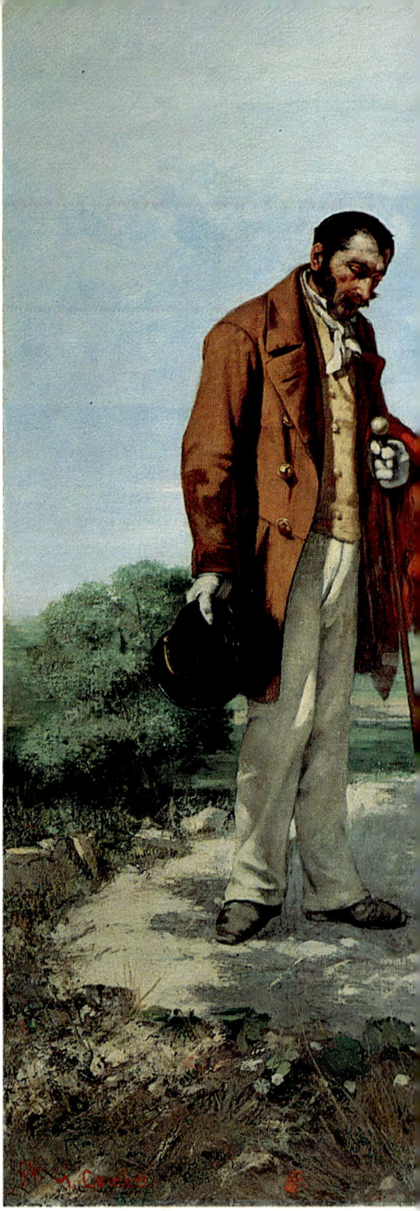

Courbet a proclamé plus d'une fois qu'il avait raconté sa vie dans son œuvre, et l'on peut suivre, de toile en toile, l'évolution de sa famille, ses relations, son propre cheminement surtout, à travers ses nombreux autoportraits*. Plus que toute autre, *La Rencontre* retrace un épisode important de sa vie d'artiste, son arrivée en mai 1854 à Montpellier, chez le collectionneur et mécène* Alfred Bruyas*, qui avait acheté *Les Baigneuses** l'année précédente.

La « rencontre » est fictive bien qu'elle évoque de façon réaliste les excursions de Courbet sur le motif, lorsqu'il allait peindre à Palavas (voir Bord de la mer à Palavas). Mise en scène de la rencontre emblématique de deux hommes, qui ont conçu ensemble un grand projet artistique, on ne peut qu'en admirer la composition, théâtrale et significative, dans laquelle le peintre s'est représenté, à une croisée de chemins, face à Bruyas accompagné de son serviteur Calas et de son chien Breton. L'attitude orgueilleuse de l'artiste a déchaîné les sarcasmes de tous, au siècle dernier, la toile étant immédiatement rebaptisée *Bonjour, monsieur Courbet*, ou *La Fortune s'inclinant devant le génie*. Il faut cependant rappeler que, pour le saint-simonien Bruyas, l'artiste est une sorte de mage, doté d'une fonction élévatrice et salvatrice pour l'humanité. C'est ce que Courbet a tenté d'exprimer en se plaçant lui-même en pleine lumière, image de l'artiste voyageur qu'il emprunte, comme l'a démontré L. Nochlin, à une ancienne gravure qui représente le Juif errant face aux bourgeois de la ville. Meyer Schapiro a depuis longtemps montré l'intérêt pour l'imagerie populaire* que Courbet partageait avec son ami Champfleury*. Cette vision de l'artiste au rôle presque divin se retrouve dans *L'Atelier** que Courbet peignit cette même année 1854, encore sous l'influence de la pensée de Bruyas.

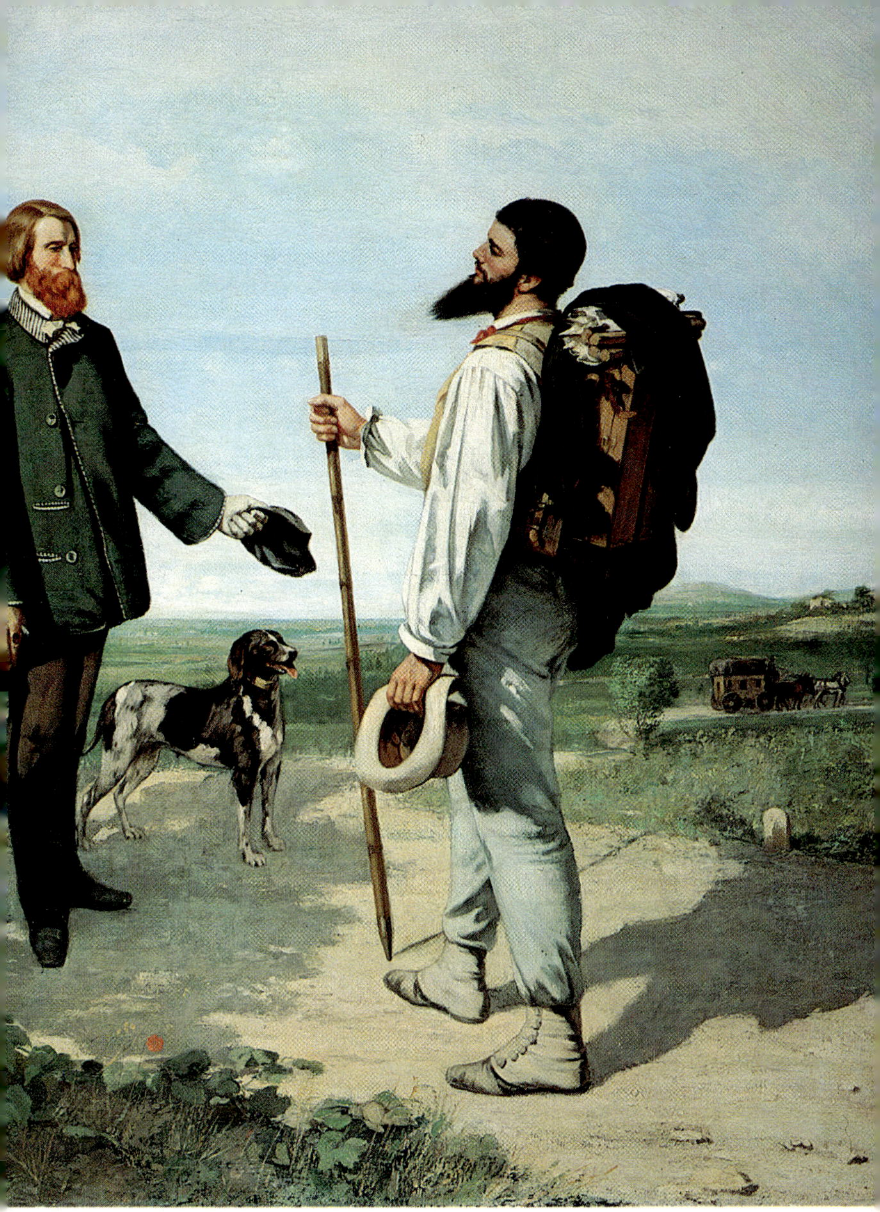

La Rencontre ou Bonjour Monsieur Courbet

1854. H/t 129 × 149
Montpellier, musée Fabre.

Indépendamment de l'allégorie qu'elle véhicule, *La Rencontre* témoigne surtout de la découverte par le peintre de la lumière du Midi. Les personnages s'enlèvent sur un ciel clair de printemps tandis que sur le chemin se profilent leurs ombres. On peut voir dans ces jeux avec la lumière la préfiguration des recherches auxquelles se livreront les impressionnistes*. MH

Renoir (Auguste).

Voir Impressionnisme

Rêve et rêverie

La théorie de l'absorbement (Michael Fried) repère dans la peinture un courant antithéâtral qui repose sur l'absence de communication entre le spectateur et les personnages du tableau, qui dorment, rêvent ou lisent. Chez Courbet, les figures féminines sont souvent plongées dans le sommeil* ou la rêverie.

On a rattaché par ailleurs (Aaron Sheon) cette tendance à l'intérêt du peintre pour certains phénomènes liés à la découverte de l'inconscient. Il ne pouvait ignorer les contes de Nodier, Franc-Comtois de Besançon qui avait été le protecteur de Francis Wey*, ni ceux de Nerval, d'Hoffmann ou de Poe, ou du moins ce qui en paraissait dans la presse, rendant compte des recherches sur le sommeil ou l'hypnose. Passionné par l'occultisme et le magnétisme vers 1850, Courbet a peint une *Somnambule* (Besançon) en 1855 ou 1865. Deux de ses tableaux ont été mis en relation avec des œuvres de Nodier : *Le Désespéré* (v. 1843, Luxeuil), qui serait inspiré par le cauchemar de *Smarra ou les Démons de la nuit*, tandis que *La Fileuse endormie* (1853, Montpellier, ill. p. 4-5) pourrait illustrer *Trilby ou le Lutin d'Argail.* Quant à ses femmes* nues* représentées dormant ou rêvant (*Le Hamac* ou *Le Rêve* [voir Hugo], ill. p. 12), elles pouvaient être regardées comme à leur insu par le spectateur, dans un abandon encore plus érotique. MH

Révolution de 1848.

Voir Seconde République

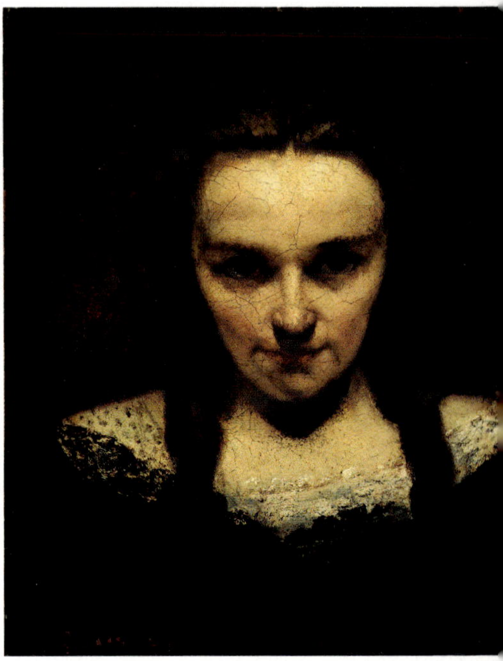

La Somnambule, 1855 (?). H/t 47 × 39.
Besançon, musée des Beaux-Arts.

ROMAN RÉALISTE
Depuis Stendhal et Balzac

Mme de Staël a beau dans son *Essai sur les fictions* (1795) appeler de ses vœux « des romans qui peindraient la vie telle qu'elle est », il faut attendre Stendhal et Balzac avant de voir s'imposer dans le genre le plus propre à la fabulation la « vérité, l'âpre vérité » que *Le Rouge et le noir* en 1830 reconnaît pour seule autorité. Zola a vu en eux le départ du roman moderne* où la fiction se confond avec la description de faits et de comportements humains circonstanciés dans un milieu donné. Dans *Le Sens du réel* (1878) il dévalue le récit et ses effets de manche au profit de la densité vitale et sociale que le narrateur tire des sujets les plus ordinaires : « La grande affaire est de mettre debout des créatures vivantes, jouant devant les lecteurs la comédie humaine avec le plus de naturel possible. Tous les

Romantisme

Dans *L'Atelier**, Courbet a placé aux pieds du « chasseur » – portrait* déguisé de Napoléon III – les symboles par excellence du travestissement, un chapeau à plumes, un poignard, une guitare, ce que le peintre appelle dans une lettre à Champfleury* « les défroques romantiques ». Ces quelques objets suffisent à désigner les errances de sa jeunesse et l'art déchu dont en 1855 il aurait triomphé.
Romantisme et réalisme* ne s'opposent pourtant pas aussi simplement chez Courbet. Outre que ses copies attestent qu'il a interrogé l'art de ses aînés immédiats, petits (Schnetz, Ziegler, etc.) et grands (Géricault, Ingres, Delacroix) [voir Autodidacte], tout un ensemble de thèmes qui furent les leurs se prolongent dans sa peinture depuis la rêverie* féminine et la présence de la mort* jusqu'à l'énergie vitale de l'animal ou de la nature*, exaltée comme l'accès à la régénération individuelle et à une nouvelle unité sociale. Enfin *Un* enterrement à Ornans* – quoiqu'il torde le cou au lyrisme romantique – est néanmoins impensable sans *Le Radeau de la Méduse* de Géricault ou les *Scènes des massacres de Scio* de Delacroix, c'est-à-dire sans l'introduction du tragique ordinaire et de « l'héroïsme de la vie moderne* » (Baudelaire*). SG

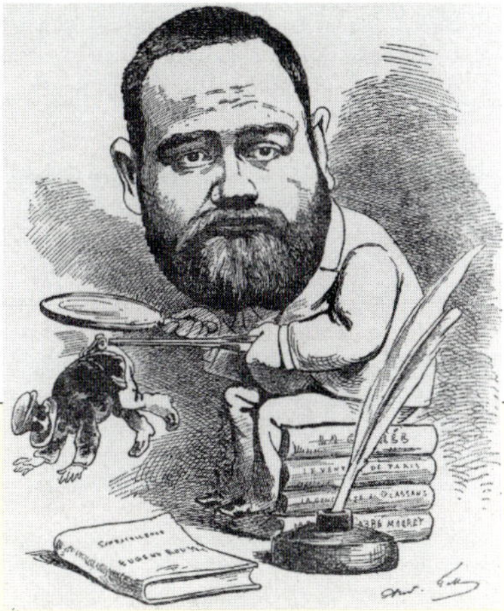

André Gill, *Émile Zola.* Caricature extraite de *L'Éclipse*, 16 avril 1876.

efforts de l'écrivain tendent à cacher l'imaginaire sous le réel. »
Dès le milieu des années 1860, Zola successeur en cela de Duranty* a ébauché une théorie et une généalogie du roman réaliste. Expression qu'il n'aime pas, d'ailleurs, tant elle renvoie à un régime désuet de la littérature (« la récréation de l'esprit ») et à laquelle il veut substituer dès *Thérèse Raquin* (1867) le mot d'« étude », mieux fait pour qualifier sa visée documentaire, scientifique (pour parler comme les Goncourt* qu'il défend ardemment) et subjective du réalisme*. L'accumulation de notes, d'aperçus concrets n'exclut en rien la personnalité de l'écrivain dont l'expression neuve et le style, au mépris de toute rhétorique convenue, sont la marque. De multiples procédés vont d'ailleurs assurer au nouveau roman, et l'effet de réel (le romancier disparaît derrière l'action, le décor prend l'importance des personnages, la description fouille le motif sans limites), et l'impression que cette réalité est toujours vécue, le produit d'une perception particulière, active, variant donc selon les acteurs du livre, les moments de leur vie.
Tout peindre n'est donc pas possible. Au contraire livrer un fragment* de réalité, c'est souligner la partialité de chaque regard, suggérer la vie infinie dont le romancier se contente de détacher une « tranche » significative.
Avec tout ce qui mettait en valeur sa nature ou son destin exemplaire, le héros traditionnel est l'autre victime – la plus symbolique – de l'abolition du romanesque (voir Flaubert*). SG

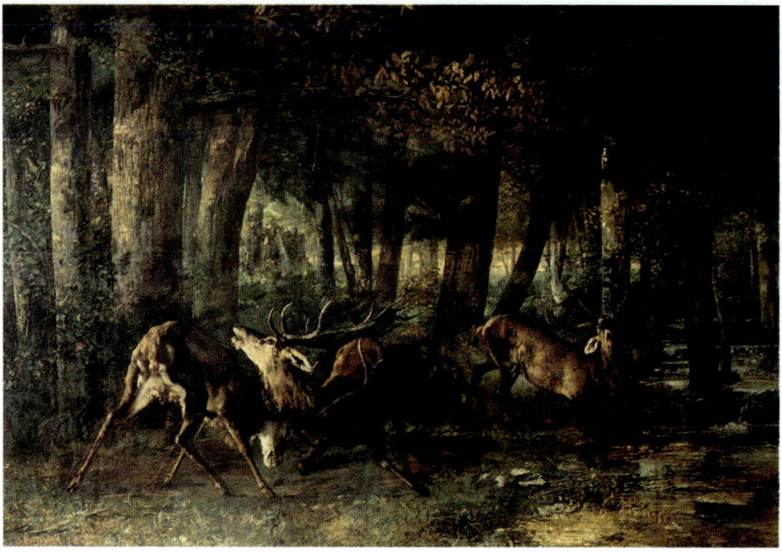

Le Rut du printemps, combat de cerfs, 1861. H/t 355 × 507. Paris, Orsay.

Rut du printemps, combat de cerfs (Le)

Avec ce vaste tableau aussi obscur qu'électrique, Courbet bouscule une fois de plus la hiérarchie* des genres tirant un sujet animalier vers la peinture d'histoire. Sur ses intentions, une lettre à Wey* en avril 1861 ne laisse aucun doute : « *Le Combat de cerfs* doit avoir, dans un sens différent, l'importance de *l'Enterrement.* »

Tableau non de chasse* mais de chasseur qui connaît la jouissance de tuer et l'horreur de l'animal, cette merveille de puissance vitale, raidi par la mort*. La comparaison avec *Un* enterrement à Ornans* est juste en ce que les deux tableaux parlent précisément de cette mort devant laquelle toute distinction entre l'homme et l'animal est vaine. C'est dans les parcs réservés d'Allemagne* que le peintre a vu les combattants, frères des *Lutteurs**, s'entredéchirer : « Je suis exactement sûr de cette action. Chez ces animaux il n'y a aucun muscle apparent, le combat est froid, la rage profonde, les coups sont terribles et ils n'ont pas l'air d'y toucher, ça se concoit facilement quand on voit leur armure formidable. »

La peinture d'histoire ou d'« action », comme l'écrit Courbet, n'a nul besoin de la présence humaine pour contenir le mordant du drame et s'élever au symbole. Drame qui se concentre dans la gueule noire de la femelle, qui brame comme ces bouches déformées qui hurleront chez Picasso et Bacon l'absurdité de la souffrance ou du meurtre. Tout est significatif ici au regard de l'œuvre de Courbet où l'obligation de lutter pour préserver son indépendance* s'accorde à l'exaltation de la nature* conçue comme l'envers d'une société coupée de ses racines. La sourde énergie de ce sous-bois aux lueurs éparses semble armer le choc presque érotique des cerfs. L'œil effaré de l'animal qui va mourir nous renvoie à nos obsessions les plus intimes. SG

Sabatier (François)
François Sabatier (1818-1891) était un ami de Bruyas*, un riche propriétaire de vignobles qui recevait, autour de sa femme, la cantatrice Caroline Ungher, dans son château de La Tour de Farges près de Lunel. Courbet, quant à lui, l'avait rencontré chez le mécène* en 1854.
Républicain et disciple de Fourier, il avait dû quitter Paris au moment du coup d'État, vivant tantôt dans le Midi, tantôt à Florence. Il avait écrit un article élogieux sur *Un* enterrement à Ornans* dans son *Salon de 1851*, publié à la Librairie phalanstérienne, saluant dans ce tableau l'entrée du peuple dans l'art.
C'est pour le remercier que le peintre l'a représenté du côté droit de *L'Atelier**, avec tous ceux qui l'avaient soutenu (voir Réception), se servant du portrait* au crayon qu'il avait brossé de lui (Montpellier). La présence, à son bras, d'Apollonie Sabatier, dont le salon était alors célèbre à Paris, est une indication pour permettre au spectateur de deviner son nom, bien que son visage soit à demi caché à cause de son interdiction de séjour à Paris. Pour Hélène Toussaint, cependant, il s'agit plutôt d'Alfred Mosselman, l'amant de Mme Sabatier, lequel était pourtant blond et n'avait en outre jamais rien acheté au peintre. MH

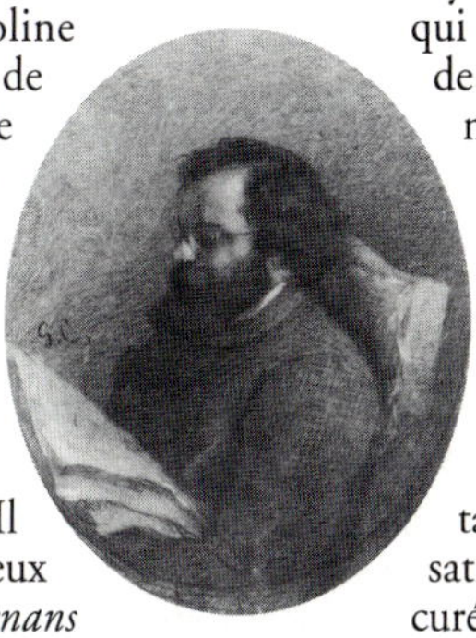

François Sabatier, 1854. Crayon, 34 × 26. Montpellier, musée Fabre.

Sainte-Pélagie (Prison de). Voir Commune

Saintonge
Courbet séjourna en Saintonge, le pays natal de Castagnary*, de 1862 à 1863, au château de Rochemont chez le mécène* Étienne Baudry, au Port-Berteau auprès du peintre Auguin, et enfin à Saintes chez Jules Borreau. Ce fut une période féconde et heureuse. Chez Baudry Courbet peignit des fleurs*, qui furent exposées à la mairie de Saintes en janvier 1863, des nus* et des paysages*. Au mois d'août de la même année, accompagné de Corot, également invité, il se rendit souvent sur le motif. C'est là qu'il esquissa, d'autre part, *Le Retour de la conférence,* tableau détruit, anticlérical et satirique, qui représentait des curés ivres revenant à dos d'âne d'un bon déjeuner, et qui lui attira les foudres de la censure.
À Saintes Courbet réalisa deux portraits* de Mme Borreau avec qui il eut une liaison, dont *La Dame au chapeau noir, portrait de Laure Borreau* (Cleveland). Il représenta aussi Gabrielle, la fille de Laure, dans *La Rêverie**. MH

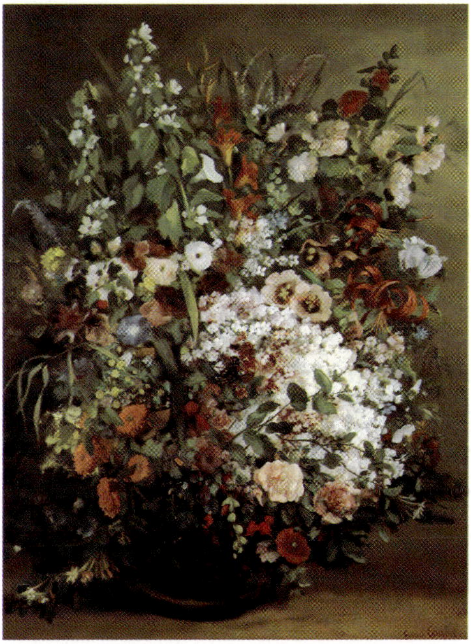

Bouquet de fleurs dans un vase, 1862. H/t 101 × 74. Malibu, The J. Paul Getty Museum.

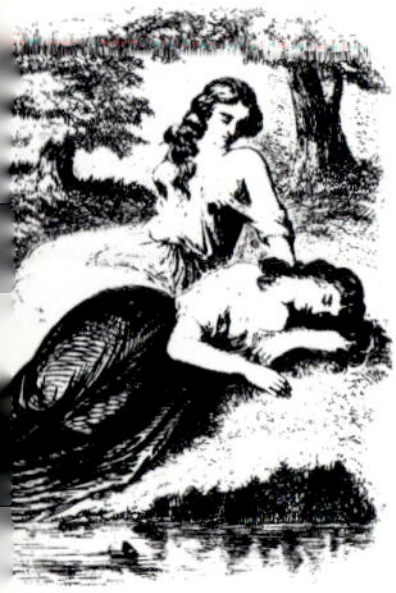

Maurice Sand, illustration pour *Lélia*, 1854.

Gustave Courbet, frontispice pour *Le Salut Public*, 1848.

Sand (George)

Courbet n'a jamais rencontré George Sand, quoiqu'il ait connu son gendre, le sculpteur Clésinger, qui était franc-comtois comme lui. Sand trouvait Courbet vulgaire et bête ; le peintre lui rendait ses mauvais sentiments, pensant que les femmes ont mieux à faire qu'à écrire. Il connaissait toutefois l'œuvre de l'écrivain, par les journaux et par ses sœurs, grandes lectrices de romans. Son premier biographe, Théophile Silvestre, signalait en 1856 qu'il avait peint dans sa jeunesse une *Lélia* d'après l'œuvre de Sand, et l'on a repéré des rapports étroits entre un extrait du roman, l'illustration qu'en avait donnée Maurice Sand en 1854, et *Les Demoiselles* des bords de la Seine.*
D'autres liens unissaient les deux artistes, notamment leur inspiration rustique, et l'on peut rapprocher par exemple le récit de *Noces de campagne*, à la suite de *La Mare au diable* (1845), de la description que donne Courbet de la *Toilette de la morte** ou d'*Un* enterrement à Ornans.*
Les romans de George Sand ont contribué à réhabiliter l'image du paysan. Champfleury* tenta à plusieurs reprises, en vain, de convaincre la « Dame de Nohant » de l'intérêt du réalisme* et du génie de son ami peintre, notamment dans une lettre publiée en 1855 sous le titre « Du réalisme. Lettre à Mme Sand ». MH

Sculpture

Jusqu'à *La Brodeuse* grandeur nature de Jules Dalou, présentée en 1870 à l'ultime Salon du Second* Empire, le réalisme* n'a fait que de timides incursions dans la production sculptée du siècle. Avec son souci de vérité, le romantisme* des années 1830 a jeté au milieu des guerriers et des nymphes néoclassiques quelques pêcheurs ou vendangeurs adolescents assez réalistes pour retenir l'attention. Reste que ces œuvres signées Duret, Rude « pittoresquent » le petit peuple, et rachètent par la nudité idéale leurs scrupules documentaires. Si David d'Angers ose camper en pied les héros de l'histoire moderne*, si Préault se montre incisif dans ses figures de parias, si Daumier* ne craint ni la laideur* ni le détail trivial, tous outrent encore le réel dans le sens dramatique, caricatural, toujours éloquent.
Courbet lui-même a osé quelques figures dépourvues de toute emphase. À partir de 1864 il fréquenta le Salinois Max Claudet, lequel a modelé un grand nombre de statuettes réalistes, volontairement frustes. Territoire par excellence de l'idéalisme classique et des privilèges de la figure humaine, forme supérieure de l'harmonie, la sculpture aura subi elle aussi la rage subversive de Courbet. SG

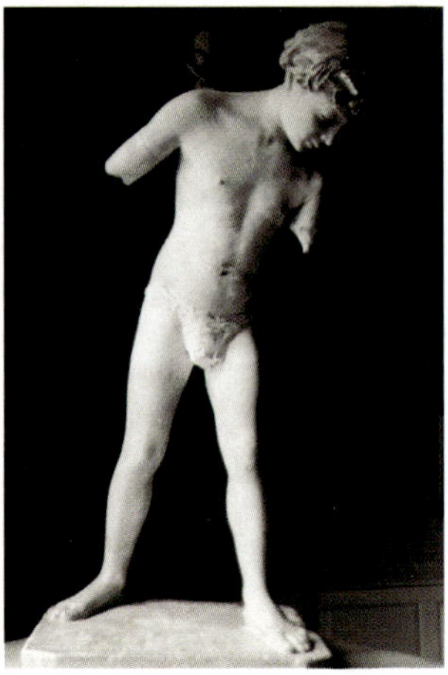

Le Pêcheur de chabots, 1862. Plâtre, h. 120. Ornans, musée Gustave Courbet.

SECONDE RÉPUBLIQUE, SECOND EMPIRE
« L'État est incompétent en matière d'art » (Courbet)

Longtemps a prévalu le mythe d'un Courbet socialiste, dangereux révolutionnaire. Depuis quelques années la tendance s'est inversée, non sans excès. On fait apparaître derrière la réputation progressiste les faiblesses de l'homme, son goût pour l'argent* et la terre, son souci de ne pas se couper des autorités, l'utopie de ses convictions politiques*. L'analyse appelle la nuance d'autant que Courbet a joué de cette ambiguïté pour se faire respecter et craindre à la fois. Au total Jean-Luc Mayaud est en droit d'écrire : « Pour sincère qu'il soit, le républicanisme de Gustave Courbet demeure un républicanisme de notable ».

En 1848 Courbet ne se bat pas, ni en février ni en juin, son engagement se réduit au frontispice du *Salut public*, publication de Baudelaire* et Champfleury* qui prêche la solidarité entre les classes. Au centre de l'image, qui renvoie explicitement à la *Liberté* de Delacroix, Courbet a symbolisé cette fraternité dans la figure du « bourgeois en blouse » (T. J. Clark) qui annonce l'accoutrement de Proudhon* dans le portrait de 1865. Ce retrait, Courbet le justifie dans la lettre embarrassée qu'il adresse à ses parents le 26 juin (voir Correspondance) : « C'est le spectacle le plus désolant qu'il soit possible d'imaginer [...]. Je ne me bats pas pour deux raisons : d'abord, parce que je n'ai pas la foi dans la guerre au fusil et au canon [...]. Voilà dix ans que je fais la guerre de l'intelligence. [...] La seconde raison c'est que je n'ai pas d'armes, et ne puis être tenté. »

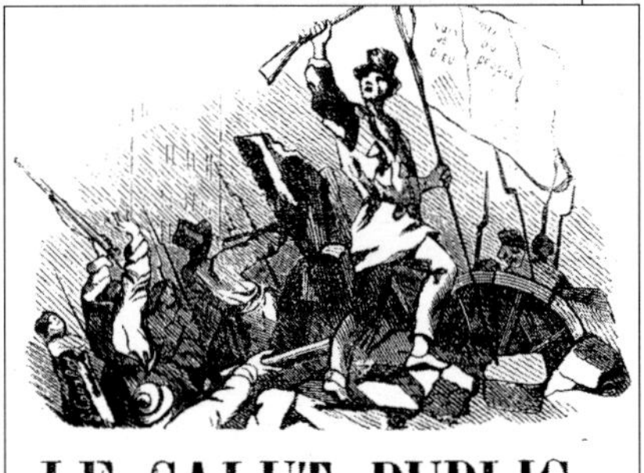

LE SALUT PUBLIC.

En mars il avouait déjà aux mêmes un rien de scepticisme à l'égard de cette république « qui n'est pas le gouvernement le plus favorable aux artistes, dans l'histoire du moins, nous allons voir celle-ci ». S'il ne reçoit aucune commande officielle du gouvernement sous la Seconde République, *Une* après-dînée à Ornans* est acheté par l'État en 1849 et lui vaut une médaille d'or. Courbet n'entrera pas davantage en conflit ouvert avec les autorités sous le Second Empire malgré son aversion pour le nouveau régime. Soutenu par Morny*, il entretient avec l'administration des Beaux-Arts une relation volontairement contradictoire pour protéger son aura de peintre indépendant* sans repousser l'argent de la couronne.

En 1861 les négociations échouent pour l'achat du *Rut* du printemps*, Courbet à ce propos parlera en 1863 de « l'insulte de l'empereur ». Cette année-là *Le Retour de la conférence*, violemment anticlérical, est écarté du Salon comme le sera en 1864 *Vénus et Psyché*, trop leste. Courbet boude-t-il l'empereur ? En 1865 *Le Ruisseau couvert* ou *Le Puits* Noir* (Orsay, ill. p. 96) est acquis sur la liste civile de Napoléon III ! Jusqu'en 1870 Courbet entretient le mythe du frondeur par un jeu de chassé-croisé dont la presse se fait l'écho. Le 22 juin 1870 – sent-il arriver la fin du règne ? – il repousse avec éclat (rien moins qu'un banquet) la Légion d'honneur : « mes opinions de citoyen s'opposent à ce que j'accepte une distinction qui relève de l'ordre monarchique ». Et de conclure malicieusement : « l'État est incompétent en matière d'art ». SG

Socialisme. Voir Politique

Le Sommeil

1866 H/t 135 × 200
Paris, Petit Palais

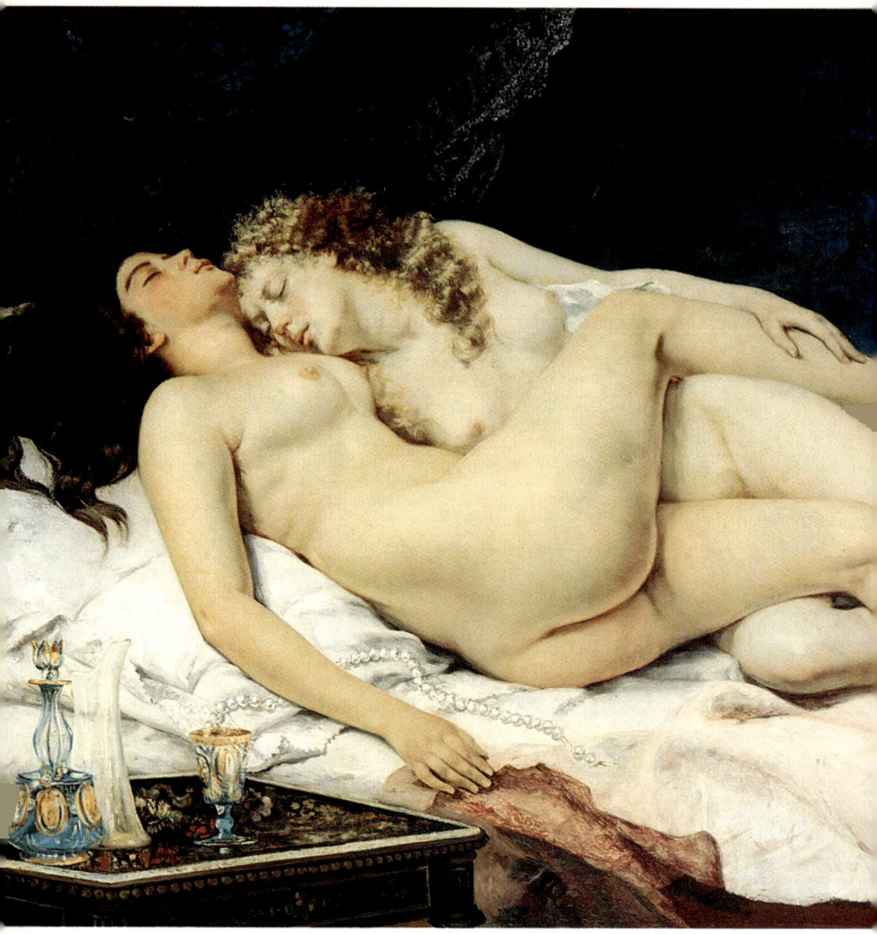

Le Sommeil fut peint par Courbet en 1866 pour son mécène* Khalil-Bey, de même que *L'Origine* du monde*. On raconte que le collectionneur, conduit chez le peintre par Sainte-Beuve, souhaitait acquérir *Vénus et Psyché*, tableau refusé au Salon de 1864 pour indécence, aujourd'hui disparu, et que le peintre, l'ayant déjà vendu, lui aurait promis « la suite ». La toile, intitulée parfois *Les Dormeuses* ou *Paresse et Luxure*, apportait, malgré son érotisme « sulfureux », une note presque paisible sur les cimaises de l'appartement de Khalil-Bey, à côté des contorsions des odalisques du *Bain turc* d'Ingres.

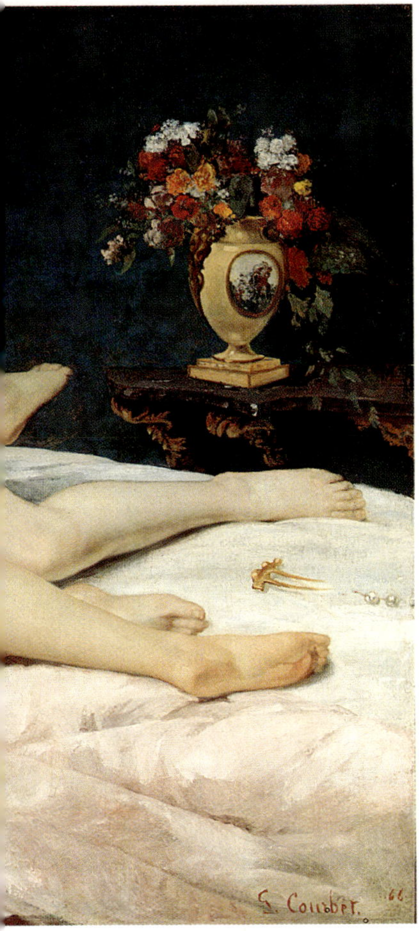

Ces deux femmes* enlacées, la brune et la rousse – on reconnaît en cette dernière la maîtresse de Whistler*, Jo*, la belle Irlandaise –, constituent une superbe variation sur le thème de l'homosexualité féminine à la mode depuis 1830, déjà traité par Théophile Gautier dans *Mademoiselle de Maupin*, et par Baudelaire* dans *Les Fleurs du Mal*, une belle variation aussi sur le motif de la femme endormie (voir Rêve). Il faut souligner le regard franc et libre de toute grivoiserie que le peintre porte sur les deux figures qui semblent avoir retrouvé leur âme d'enfant dans le sommeil. A-t-il voulu stigmatiser les mœurs du Second* Empire, comme certains l'ont prétendu ? Proudhon* n'était plus là pour fournir une de ses analyses moralisatrices, et l'on peut se demander si le tableau aurait existé s'il avait été encore vivant. La rencontre de Khalil-Bey a semble-t-il permis à l'artiste d'aller au bout de son désir de transgression. L'extraordinaire est que cette transgression eut lieu l'année même où il semblait s'être rangé, et où il avait enfin produit une œuvre qui lui avait gagné l'estime de tous, *La Femme* au perroquet*. Dans *Le Sommeil*, toile de grand format qui n'a pas été peinte pour le musée mais pour le secret d'une collection très privée, Courbet atteint le sommet de son art dans la peinture de la chair ; multipliant les morceaux de bravoure – le bouquet de fleurs*, les draps, la nature* morte –, il compose une œuvre qui transcende les convenances et un hymne à la féminité. MH

Source (La). Voir Nu

TECHNIQUE PICTURALE
La peinture au couteau

Cézanne qui se désespérait de restituer sur la toile « l'intensité » de la nature provençale, aimait de Courbet la peinture travaillée au mortier, franche comme ce qu'elle montrait, énergique comme l'acte de peindre.
Sur sa palette, Courbet dissociait les tons, selon leur intensité, à côté des couleurs franches disposées en éventail. Il partait d'une toile sombre, l'éclaircissant peu à peu de demi-teintes, la nuançant enfin à l'aide de touches plus claires. Il peignait en pleine pâte, de préférence au couteau mais aussi à la brosse, au chiffon, utilisant parfois son pouce comme le rapporte A. Schanne.
Aussi visible qu'ample, la facture de Courbet, comme y insiste K. Herding, investit la surface picturale de facon égalitaire, redoublant le refus de hiérarchiser* les formes et l'espace, par quoi Courbet abolit les principes traditionnels de composition.

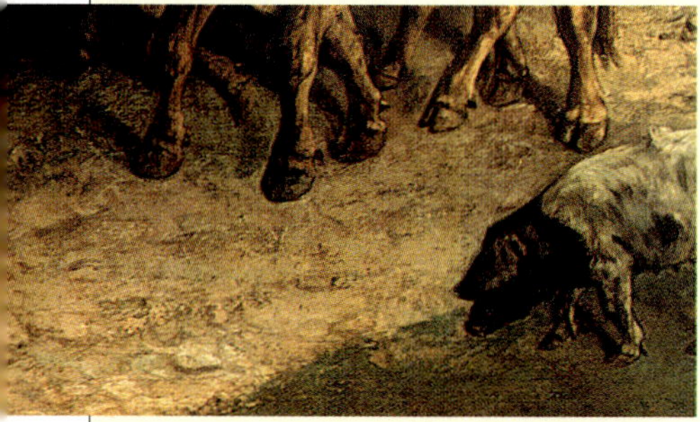

Audace pour les uns, maladresse pour les autres, cette vigueur d'aspect, ce truellage insolent entra pour beaucoup dans le scandale que souleva son envoi au Salon de 1850-1851. On dénonça ce peintre qui, non content de se satisfaire de la nature prosaïque – dans les *Paysans* de Flagey*, il avait même ajouté du sable aux teintes terreuses, par souci d'en rendre plus concrète encore l'expression –, l'avilissait une seconde fois par sa facture grossière, ses formes trop simplifiées et rigides. Claude Vignon ironisa devant *Un* enterrement à Ornans*, réunion d'« hommes noirs *plaqués* (nous soulignons) sur des femmes noires ». SG et MH

Toilette de la mariée (La). Voir Mort

Trapadoux (Marc)

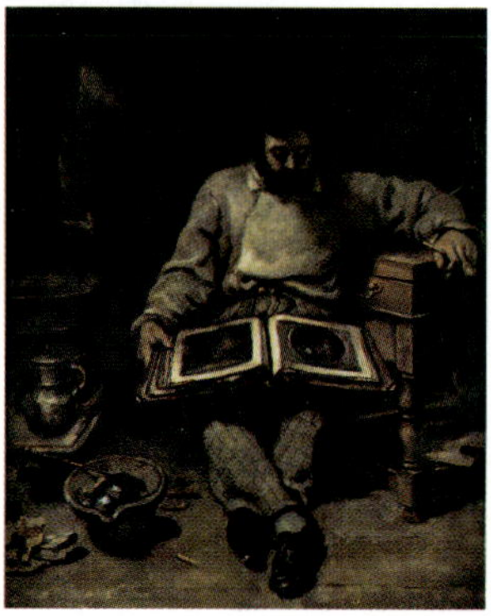

Membre de la bohème parisienne dans les années 1840, ami de Baudelaire*, Marc Trapadoux fut l'un des modèles du philosophe Colline dans les *Scènes de la vie de bohème* de Murger. C'était un excentrique, à la fois mystique et bouffon, qui écrivait sur le théâtre et publia une *Histoire de saint-Jean-de-Dieu.*
Parallèlement à son portrait* assis dans l'atelier en train de feuilleter un recueil d'estampes, dont il existe deux versions, Courbet a décrit cet « ami exotique » et « nécessaire » à Champfleury*, dans une lettre d'Ornans, au début de 1850 ; cherchant des effets dignes de son correspondant*, le peintre se livre ici à un authentique exercice littéraire, accumulant les mots d'esprit et les références, comparant Trapadoux à l'« augure d'une tribu sauvage », à « Mucius Scaevola, la main sur le brasier », à « un monument précieux » et à un brahmane.
Champfleury le surnommait le « premier Géant Vert ». Courbet l'avait déjà représenté, attablé en face de lui, dans un dessin de 1848, *La Brasserie Andler.* MH

TRAVAIL (IMAGES ET RÉALITÉ DU)
Le spectacle des classes laborieuses

Bien qu'on ait souligné l'absence d'hommes en blouses dans l'œuvre de Courbet, à part celui du *Départ des pompiers courant à un incendie* (voir Antigna), et qu'en effet l'artiste ait peint plus de bourgeois que d'ouvriers, l'impact extraordinaire des *Casseurs* de pierre* le plaça d'emblée à la tête des peintres du peuple au travail, enthousiasmant la jeune génération conduite par Jules Vallès. Avec *Les Cribleuses* de blé*, il force encore cette image quasi emblématique du labeur des hommes et des femmes dans les campagnes.
Ces tableaux s'inscrivent de droit dans l'ensemble des scènes de genre de quelques peintres comme Jeanron, Bonvin*, Ribot, Millet* et Jules Breton, qui ont montré les artisans et les paysans à l'ouvrage dans des œuvres sombres qui mettaient l'accent sur l'effort ou la solitude des travailleurs, ou celles de François Bonhommé qui s'était spécialisé dans la représentation du travail dans les mines et à l'usine (voir Protoréalisme). Mais les deux tableaux de Courbet se différencient de ces toiles par leur grand format (voir Hiérarchie des genres) et leur refus de tout pittoresque, qui leur confèrent un sens allégorique et politique*. C'est aussi en raison de leur portée sociale que certains critiquèrent *Les Glaneuses* de Millet*, exposées en 1857, deux ans après les *Cribleuses*, qui apparurent comme « les trois Parques du paupérisme » (P. de Saint-Victor). Ces deux œuvres, images du labeur de la paysanne, qui manifestent la même recherche de monumentalité, contribuèrent malgré leurs différences à la revalorisation du travail. MH

Marc Trapadoux examinant un livre d'estampes, v. 1849.
H/b 40,5 × 32.
Troyes, musée d'Art moderne.

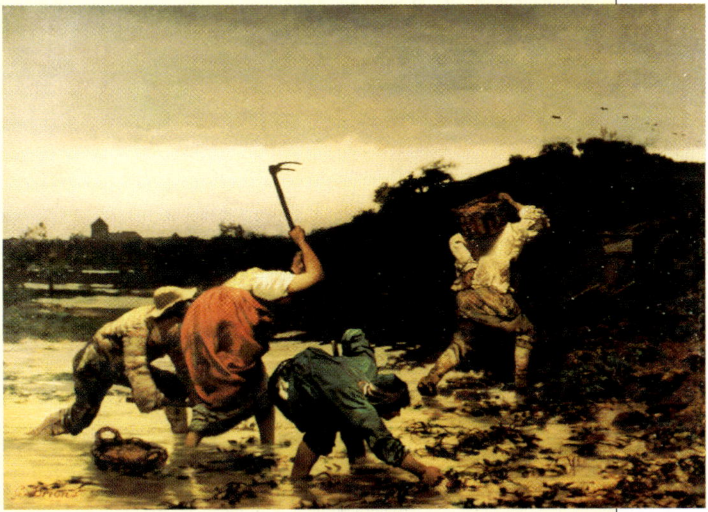

Gustave Brion, *La Récolte de pommes de terre*, 1852.
H/t 98 × 132.
Nantes, musée des Beaux-Arts.

Les Paysans de Flagey revenant de la foire (détail), 1850 et 1855.
Besançon, musée des Beaux-Arts.

Trouville.
Voir Normandie

UN ENTERREMENT À ORNANS

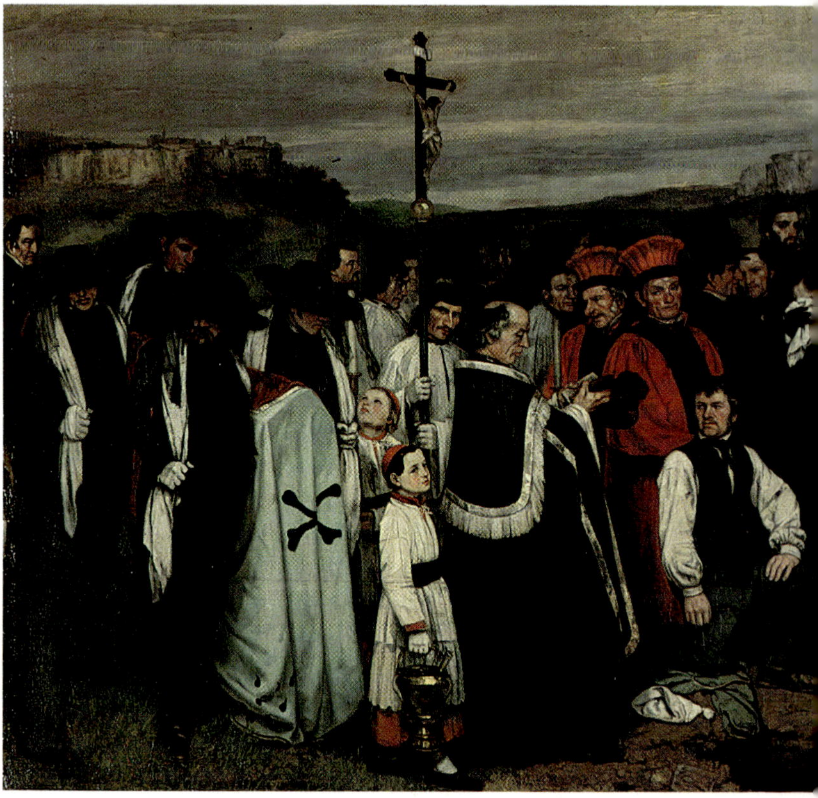

L'*Enterrement*, au Salon de 1850-1851, sonna le glas de la peinture romantique*. Pour les uns, comme Champfleury* ou Buchon*, il signifiait le retour à la peinture du réel et la naissance d'un art créé pour le peuple. Mais pour la majorité, c'était le comble de la vulgarité et de la laideur*.

Que l'on imagine le visiteur du Salon, confronté à ces hommes et à ces femmes en deuil, aussi grands que lui, dont certains le regardaient droit dans les yeux ! À la veille du rétablissement de l'Empire, l'intrusion de ces paysans et de ces notables campagnards sur les cimaises du Louvre prenait la force d'une insurrection. Ce tableau dérangeait. On y vit une peinture socialiste*. Les amis de Courbet tentèrent de défendre cette moderne « danse macabre », selon le mot de Max Buchon. François Sabatier* évoqua Shakespeare et Holbein. Champfleury saluait en cette œuvre la réalisation, menée à son point de perfection, de son rêve de peinture réaliste* et démocratique, et la concrétisation de sa recherche d'un art français, issu des Le Nain et de l'imagerie populaire. On a montré depuis longtemps, et récemment encore, ce que l'*Enterrement* doit à l'image d'Épinal, et à l'aspiration consciente du peintre à une certaine naïveté*. Les personnages se présentent de face, en frise, sans arrangement apparent, comme s'ils posaient pour une photogra-

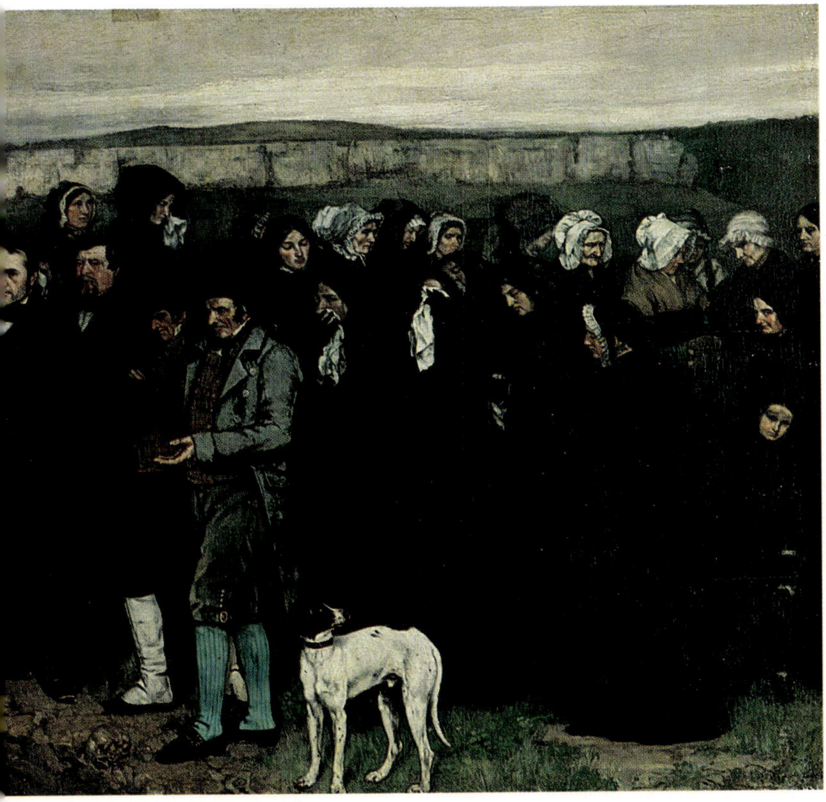

Un enterrement à Ornans

1849-1850. H/t 315 × 668
Paris, Orsay.

phie*. Cette accusation, d'ailleurs, ne manqua pas d'être portée par les critiques conservateurs, qui ne voyaient pas d'art dans cette représentation grandeur nature d'une scène réelle. Allant plus loin, Gautier (voir Réception), qui appréciait pourtant le talent de Courbet et qui n'était pas contre le grand format appliqué aux sujets modernes, lui reprocha d'avoir trop individualisé les portraits* des gens d'Ornans* et d'en avoir outré la laideur comme dans une caricature.

De nos jours on s'est surtout interrogé sur les sources d'un tableau qui marque une rupture dans le siècle et sur l'identité du mort, ou plutôt de la morte, puisque le drap mortuaire est blanc.

Est-ce Marianne, la République, morte d'avoir fait naître un empereur ? Ou bien Courbet s'est-il souvenu, dans sa description des usages funéraires francs-comtois, de la mort* de sa sœur Clarisse, lorsqu'il avait quinze ans ? MH

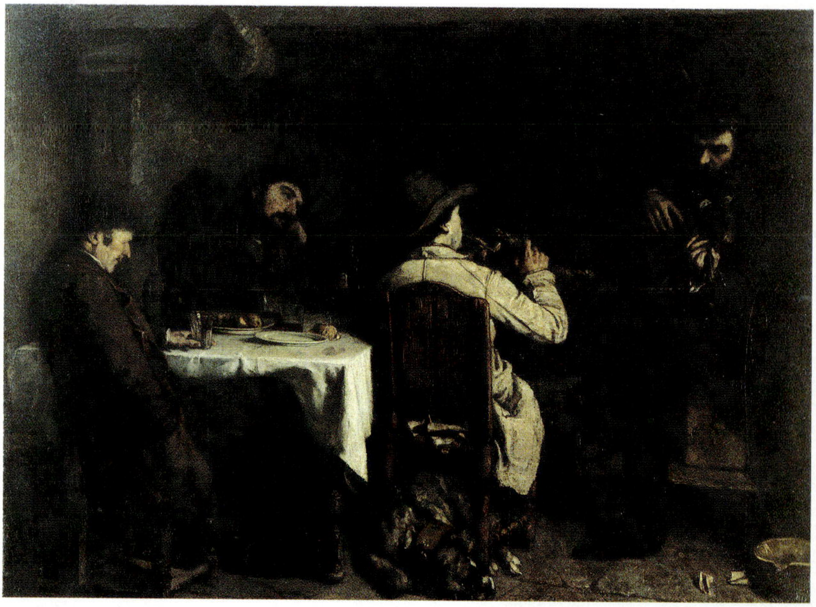

Une après-dînée à Ornans

Courbet présenta onze œuvres au Salon de 1849 dont sept furent admises, quatre paysages*, le portrait* de Marc Trapadoux*, un dessin*, et *Une après-dînée à Ornans*. Les notices du livret étaient de Baudelaire*.

L'*Après-dînée* n'est pas un autoportrait* : on a montré que le personnage que l'on prenait pour Courbet était Urbain Cuénot*. Mais cette toile aide à connaître le peintre en présentant son père et ses trois plus proches amis d'Ornans, Cuénot, chez qui se passe la scène, Marlet de dos, et Promayet au violon. C'était le premier essai réussi de Courbet avec plusieurs personnages, autres que lui-même, dans une ample composition où l'on sent l'influence de la Hollande* ; c'était aussi un bel exercice de virtuosité (la nature* morte, le pelage du chien).

Le climat paisible qui émane de l'œuvre séduisit tout le monde, de Francis Wey*, fervent admirateur du tableau, au jury, qui

Une après-dînée à Ornans, 1848-1849. H/t 195 × 257. Lille, musée des Beaux-Arts.

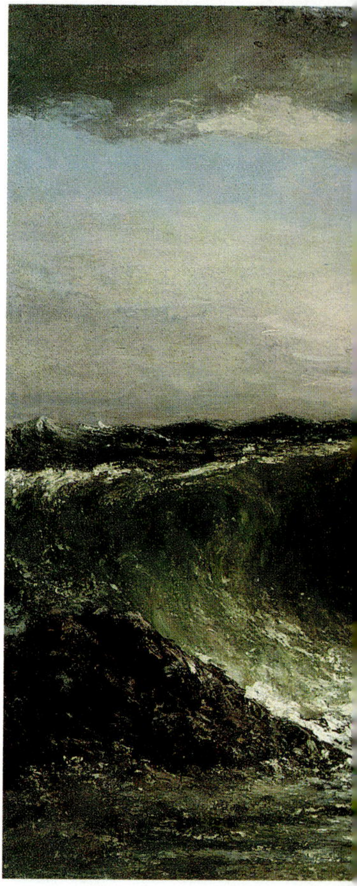

attribua au peintre une médaille d'or et acheta la toile pour le musée de Lille. L'*Après-dînée* s'inscrit dans une longue lignée de peintures qui montrent des convives réunis autour d'une table, des Le Nain à Rembrandt, en passant par Le Caravage et Grosclaude. Grâce à ce succès et à sa récompense, Courbet put exposer* jusqu'en 1857 sans craindre les refus du jury. MH

Vague(s)

Courbet peignait « par séries », comme pour épuiser chaque thème qui se présentait à son esprit. Ainsi a-t-il réalisé plus d'une trentaine de toiles intitulées *La* (ou *Les*) *Vague(s)* au cours de séjours en Normandie* entre 1865 et 1870, sur le motif ou de mémoire, à l'atelier et à Sainte*-Pélagie.

Quelques artistes s'étaient illustrés dans la peinture de la mer déchaînée, et l'on raconte qu'Eugène Isabey, lors d'une tempête, se fit attacher à un mât pour mieux observer les vagues. Courbet, obsédé par le rendu de la matière, trouvait là un élément en perpétuelle mutation à la mesure de son acuité visuelle et de sa virtuosité. L'utilisation du couteau donne à ses *Vagues*, entre la

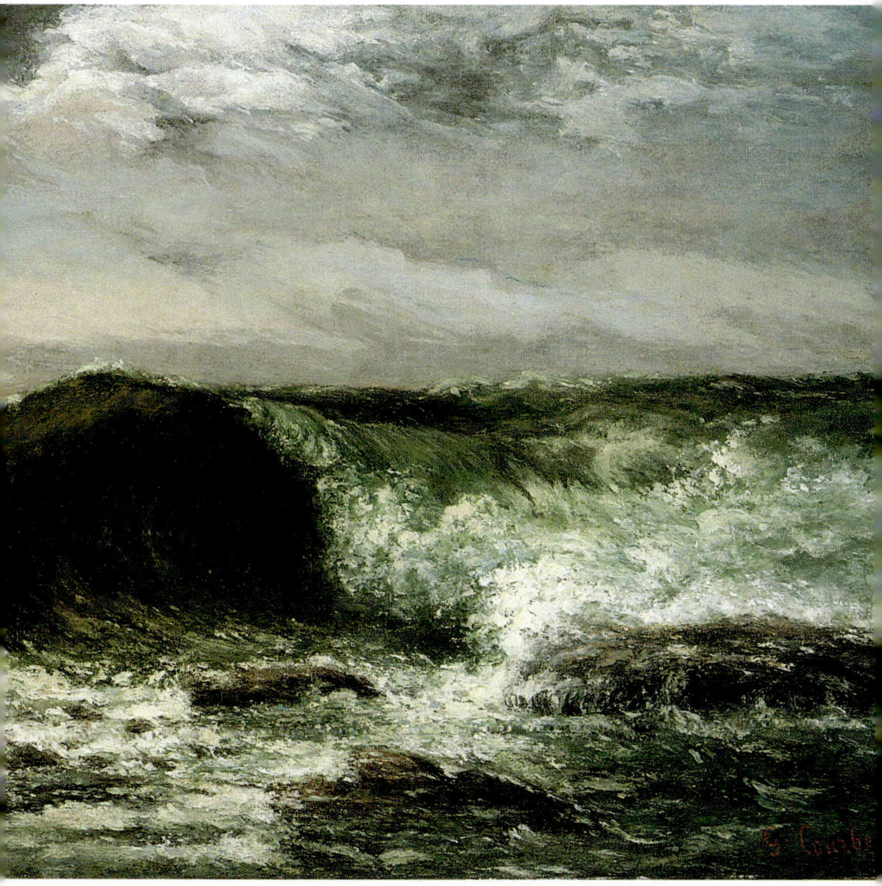

La Vague, 1869.
H/t 49 × 73.
Coll. part.

fluidité de Turner et la stylisation d'Hokusai, une telle densité qu'elles paraissent sculptées, comme la *Vague bleue* (1862) de Whistler*. Elles s'accompagnent d'études de ciels orageux qui rappellent que Courbet avait peint aux côtés de Boudin à Honfleur.
Les deux plus grandes, *La Mer orageuse* dite aussi *La Vague*, du Musée d'Orsay (1869) et *La Vague* de Berlin (1870) sont de beaux morceaux de bravoure, mais on peut leur préférer certaines représentations de la mer calme où Courbet se révèle réellement grand. MH

Wey (Francis)

Francis Wey (1812-1882) fut amené chez Courbet par Champfleury* et tomba en arrêt devant *Une* après-dînée à Ornans* que le peintre terminait pour le Salon de 1849. Pendant quelques années les deux hommes se sont vus et écrit (voir

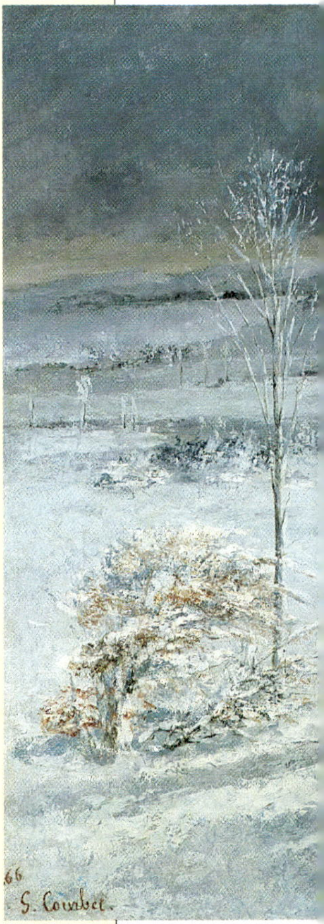

La Pauvresse du village, 1867. H/t 86 × 126. Suisse, coll. part.

VILLE ET CAMPAGNE
Le paysan de Paris

La peinture de Courbet transcende l'opposition ville/campagne. Ce qu'elle cherche à capter, dans la solitude des forêts, la sauvagerie de la mer, ou dans la profondeur des grottes et même dans les environs d'Ornans, c'est la force vitale de l'univers et l'harmonie du cosmos. Créant sur sa toile « comme Dieu produit des pommes », le peintre entre en communion avec la nature* pour reproduire le processus de la création. Aussi ne s'est-il pas préoccupé de représenter les progrès de l'industrialisation ou l'évolution de la ville moderne* si chère à Baudelaire*, tout juste a-t-il évoqué le travail* des paysans, comme Millet*. Son seul tableau de rue, *Le Départ des pompiers courant à un incendie* (voir Antigna, ill. p. 32), est inachevé mais témoigne de son talent de metteur en scène. *L'Atelier** évoque si l'on veut la vie parisienne, avec ses allusions à la mode féminine (le châle en cachemire) et ses personnages caractéristiques, mais sur le chevalet central Courbet achève un paysage* du Jura, soulignant par là ce que son art doit à la nature de son pays natal.
La vie à la campagne et la prospérité de la paysannerie, qui constituait, sous le Second* Empire, une catégorie sociale et un enjeu électoral, bien avant l'exode rural de la fin du siècle, transparaissent en revanche à travers la description de son entourage, de sa famille et de ses amis. Malgré les interprétations moralisantes de Proudhon*, il semble que le but recherché par l'artiste ait surtout été de donner une existence à un milieu provincial qui lui paraissait aussi intéressant que celui de Paris, et en particulier à son propre milieu, qu'il vénérait comme l'écrin de son génie. MH

Correspondance), mais l'on sent dans les lettres de Courbet, malgré les protestations d'amitié, que cette relation était plutôt intéressée. Wey pouvait en effet lui apporter commandes et relations, introduit qu'il était dans le milieu littéraire et administratif. C'est lui, d'ailleurs, qui présenta Berlioz (voir Musique) au peintre pour qu'il fasse son portrait*.
Ami et protégé de Nodier, ce Franc-Comtois, sorti de l'École des chartes, critique d'art partisan de Leleux et Delacroix, était inspecteur général des Archives et fut directeur de la Société des gens de lettres. Courbet séjourna chez lui à Louveciennes, faisant le portrait de sa femme et le sien. Wey a laissé un manuscrit inédit sur Courbet dans lequel transparaissent surtout la déception et la critique.
MH

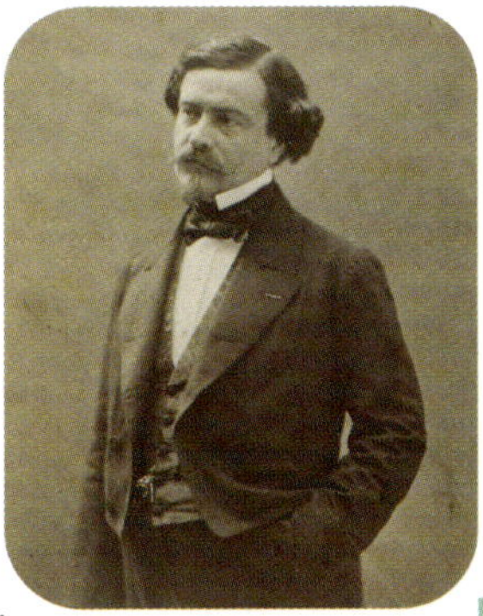

Félix Nadar, *Francis Wey*. Paris, Orsay.

Whistler (James McNeill).

Voir Bord de la mer à Palavas

Zola (Émile).

Voir Roman réaliste

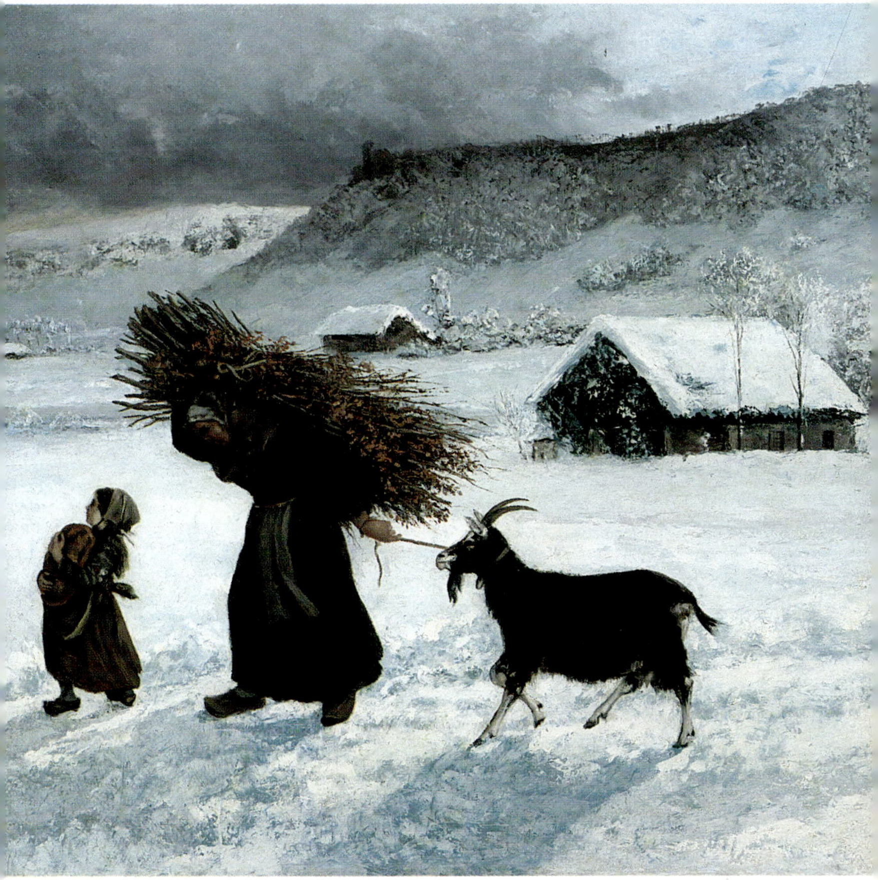

1819 10 juin : naissance de Gustave Courbet à Ornans.

1831-1837 Durant sa scolarité à Ornans, Courbet reçoit les premiers rudiments de la peinture du père Beau, un élève de Gros.

1837-1839 Il fréquente le Collège royal de Besançon mais poursuit son apprentissage chez le peintre Flajoulot, élève de David.

1839-1843 Arrivé à Paris, il entre dans l'atelier de Steuben. Ses envois sont refusés aux Salons de 1841, 1842 et 1843.

1844 L'*Autoportrait au chien noir* est accepté au Salon.

1846-1847 Voyage d'étude en Belgique et en Hollande où il découvre des artistes comme Rembrandt et Hals, qui vont précipiter sa rupture avec le romantisme.
Baudelaire publie son *Salon de 1846* qui sera un des bréviaires du peintre.

1848 Proclamation de la République et élection le 10 décembre de Louis Napoléon Bonaparte à sa présidence.
Au Salon, où Millet expose son *Vanneur*, Courbet se fait remarquer de quelques critiques dont Champfleury, avec lequel des liens se nouent. Il fait aussi la connaissance de Baudelaire, mais leur relation ira se dégradant.

1849 *Une après-dînée à Ornans* lui vaut une médaille d'or. Le tableau est acheté par l'État et envoyé au musée de Lille.

1850-1851 2 décembre : coup d'État de Louis Napoléon Bonaparte.
Au Salon, les parisiens découvrent *Les Casseurs de pierre*, *Les Paysans de Flagey revenant de la foire* et *Un enterrement à Ornans*. Millet y montre *Le Semeur*, Tassaert *Une Famille malheureuse*, Lacoste *Premier travail après l'insurrection* et Breton *La Faim*. Bref, c'est le Salon du réalisme.

1852 Le coup d'État de décembre 1851 et la proclamation du Second Empire dispersent les forces d'opposition et obligent à l'exil bien des amis de Courbet.
Il expose au Salon *Les Demoiselles de village*, que vient d'acheter le comte de Morny, demi-frère de l'empereur.
Victor Hugo publie *Napoléon Le Petit*, Dumas fils *La Dame aux camélias*.

1853 Soulevant un scandale retentissant au Salon, *Les Baigneuses* et *La Fileuse endormie* sont achetées par Alfred Bruyas, qui va dès lors apporter au peintre un soutien financier substantiel.

1854 À Montpellier où il a retrouvé Bruyas, Courbet peint des marines et la fameuse *Rencontre*, qui symbolise à la fois ses liens avec le mécène et l'indépendance qu'il entend conserver.

1855 Se voyant refuser certains tableaux, tel *L'Atelier* ou l'*Enterrement* au sein du Salon qui coïncide avec l'Exposition universelle, quand d'autres sont admis (notamment *Les Cribleuses de blé*), Courbet fait ériger avec l'argent de Bruyas son « Pavillon du Réalisme », avenue Montaigne.

1856 Courbet voyage en France et à l'étranger : il étend sa réputation au-delà de Paris, en particulier en Allemagne et en Belgique, où il va séjourner près d'un an.

1857 Avant son départ pour la Belgique le peintre envoie au Salon, dont les conditions de participation ont été durcies, *La Curée*, premier d'une longue série de tableaux de chasse, et *Les Demoiselles des bords de la Seine*, sur lesquelles s'acharne la critique.
Flaubert publie *Madame Bovary*, Baudelaire *Les Fleurs du Mal*. Deux procès fameux s'ensuivent.

1858-1859 Long séjour en Allemagne où Courbet peint moins qu'il ne chasse. Il ébauche *Le Rut du printemps* mais ne participe pas au Salon de 1859. (Depuis 1857 et jusqu'en 1863, le Salon ne se tient que tous les deux ans.)
Millet présente *L'Angélus* (1858), Manet *Le Buveur d'absinthe* (1859).
En 1859, malgré la loi d'amnistie des exilés, Hugo ne rentre pas et fait paraître la première série de *La Légende des siècles*.

1860 Début des relations entre Courbet et Castagnary, avocat du réalisme depuis 1857.

1861 Retour de Courbet au Salon où il présente avec succès des scènes de chasse dont *Le Rut du printemps*. Il croit un moment devoir être décoré de la Légion d'honneur qui l'aurait dispensé de se soumettre au jury du Salon. Mais Napoléon III recule. La ville de Nantes lui achète les *Cribleuses* et à Anvers il prononce devant des artistes un discours important, où il rappelle que le peintre d'histoire ne saurait peindre et exprimer que son époque.

1862-1863 Long séjour de Courbet en Saintonge, durant lequel se multiplient les compositions florales et les portraits. Il peint aussi *Le*

Retour de la Conférence, si explicitement anticlérical que le tableau ne franchit pas les portes du Salon de 1863, ni celui des Refusés où *Le Déjeuner sur l'herbe* de Manet suscite à son tour un scandale.
Publication des *Misérables* de Victor Hugo (1862) et de *La Vie de Jésus*, d'Ernest Renan (1863).

1865 Courbet expose au Salon son *Portrait de Pierre-Joseph Proudhon en 1853*, hommage au philosophe qui vient de décéder. Il séjourne à Trouville où il fréquente le beau monde, et le peint. Whistler et sa compagne Joanna Hiffernan se joignent à lui.
Parution de l'*Introduction à la médecine expérimentale* de Claude Bernard et de *Germinie Lacerteux* des frères Goncourt.

1866 Succès de Courbet au Salon avec notamment *La Femme au perroquet*. Zola ironise. Le mécène Khalil-Bey commande au peintre le luxurieux *Sommeil*.
Offenbach triomphe avec *La Vie parisienne*.

1867 Courbet et Manet présentent une large sélection de leurs œuvres en marge de l'Exposition universelle.
Mort de Baudelaire. Zola publie *Thérèse Raquin*.

1868 Promulgation de lois libéralisant le régime. Au Salon, Courbet expose *L'Aumône d'un mendiant à Ornans*.

1869 Courbet expose à Paris, Bruxelles et Munich. Louis II de Bavière le décore de l'ordre de Saint-Michel.
Flaubert publie *L'Éducation sentimentale*.

1870 Durant le conflit franco-prussien, Courbet s'adresse à l'armée et aux artistes allemands en plaidant la fraternité entre les peuples.
19 septembre : début du siège de Paris.

1871 18 mars : insurrection de la Commune.
21-28 mai : Semaine sanglante.
Courbet est à la tête de la Fédération des artistes. Arrêté le 7 juin, il est envoyé à la prison de Sainte-Pélagie en septembre puis transféré à la clinique du docteur Duval à Neuilly. De cette période noire, il a laissé des dessins et quelques natures mortes d'une grande intensité.
Parution de *La Fortune des Rougon* de Zola, qui inaugure le cycle des *Rougon-Macquart* (1871-1893).

1873 Mac-Mahon est porté à la présidence de la République.
Reconnu responsable du « déboulonnage » de la colonne Vendôme, Courbet est condamné à verser l'argent de sa reconstruction. On saisit ses tableaux, il se réfugie en Suisse et s'installe à La Tour-de-Peilz.

1874 Première exposition impressionniste, à laquelle participent Cézanne, Degas, Monet, B. Morisot, Pissarro, Sisley et Renoir.

1877 Courbet meurt le 31 décembre.

BIBLIOGRAPHIE SÉLECTIVE

Georges Riat, *G. Courbet*, Paris, 1906.
Roger Bonniot, *Gustave Courbet en Saintonge*, Paris, 1973.
Linda Nochlin, *Gustave Courbet : A Study in Style and Society*, New York/Londres, 1976.
Robert Fernier, *La Vie et l'œuvre de Gustave Courbet. Catalogue raisonné*, Lausanne/Paris, 1977-1978.
Hélène Toussaint, *Gustave Courbet*, cat. exp., Paris, Grand Palais/Londres, Royal Academy, 1977-1978.
Meyer Schapiro, « Courbet and Popular Imagery : an Essay on Realism and Naiveté », trad. fr. in *Style, artiste et société*, Paris, 1982.
Sarah Faunce, Linda Nochlin, *Courbet reconsidered*, cat. exp., New York, The Brooklyn Museum/The Minneapolis Institute of Arts, 1988.
Jean-Jacques Fernier, Jean-Luc Mayaud, Patrick le Nouëne, *Courbet et Ornans*, Paris, 1989.
T. J. Clark, *Une image du peuple. Gustave Courbet et la révolution de 1848*, Londres, 1973 ; trad. fr. Paris, 1991.
Klaus Herding, *Courbet. To Venture Independence*, New Haven/Londres, 1991.
Michael Fried, *Le Réalisme de Courbet*, New York, 1990, trad. fr. Paris, 1993.
André Fermigier, *Courbet*, Genève,1971 ; rééd. 1994.
Bruno Foucart, *Courbet*, Paris, 1977 ; rééd. 1995.
Pierre Georgel, *Courbet, le poème de la nature*, Paris, 1995.
Petra ten-Doesschate Chu, *Letters of Gustave Courbet*, Chicago/Londres, 1992 ; éd. fr. : *La Correspondance de Courbet*, Paris, 1996.

I N D E X

INDEX

Crédits photographiques : AMSTERDAM, Rijksmuseum 72 ; BERNE, Kunstmuseum 23 ; BESANÇON, musée des Beaux-Arts 46-47, 58b, 89 ; BÉZIERS, musée des Beaux-Arts 36 ; BUDAPEST, Szépmüvészeti Muzeum 77 ; BUFFALO, Albright-Knox Art Gallery 75b ; CHICAGO, The Art Institute 78b ; COLOGNE, Wallraf-Richartz-Museum 30-31 ; COPENHAGUE, Ny Carlsberg Glyptothek 84 ; LILLE, musée des Beaux-Arts 112h ; MALIBU, The J. Paul Getty Museum 103b ; MONTPELLIER, Musée Fabre couverture, 39, 42-43, 44h, 103h ; NANTES, musée des Beaux-Arts 109 ; NEW YORK, The Metropolitan Museum of Art 16, 55, 65, 66 ; NORTHAMPTON, Smith College Museum of Art 81 ; ORLÉANS, musée des Beaux-Arts 32b ; ORNANS, musée Gustave Courbet 50 ; PARIS, archives Flammarion 10 12h, 18, 26, 32h, 33, 44b, 51, 54, 56-57, 70, 73, 74, 78h, 86, 92, 93, 95, 102, 104, 105, 106 ; Dagli Orti 4-5, 14b, 15h, 20-21, 24, 25, 27, 28, 34, 40, 52, 62-63, 71, 75h, 82, 85, 90-91, 98-99, 100, 108g, 110-111 ; Photothèque des musées de la Ville de Paris © Spadem 1996, 37 ; Réunion des musées nationaux 6, 17, 29, 79, 96, 115h ; Roger-Viollet 58h, 67, 101 ; PHILADELPHIE, Museum of Art 83 ; STOCKHOLM, Nationalmuseum 13 ; TOULOUSE, musée des Augustins 41 ; TOKYO, Murauchi Art Museum 48 ; TROYES, musée d'Art moderne 108d ; WINTHERTHUR, Collection Oskar Reinhart 12b.

Directeur de la série Art : Stéphane GUÉGAN
Coordination éditoriale : Béatrice PETIT
Rewriting : Isabelle SAUVAGE
Direction artistique : Frédéric CÉLESTIN, Paris
Mise en page : Thierry RENARD
Photogravure, Flashage : Pollina s.a., Luçon
Couverture imprimée par Pollina s.a., Luçon
Achevé d'imprimer et broché en décembre 1995 par Pollina s.a., Luçon

ISBN : 2-08-012468-4
ISSN : 1258-2794
N° d'édition : 1063
N° d'impression : 68437
Dépôt légal : janvier 1996
Imprimé en France

Pages 4-5 : *La Fileuse endormie*, 1853. H/t 91 × 115. Montpellier, musée Fabre.
Page 6 : *Portrait de l'artiste*, dit *L'Homme à la ceinture de cuir* (détail), 1845-1846. Paris, Orsay.